JN255938

マネジメントテキスト

問題解決の実践

働く喜びに溢れる社会を目指して

●

［著］古谷 健夫

［協力］（一社）中部品質管理協会

日科技連

『改善という風土のないところには改革はない』

絶え間ない改善の風土をつくり、
維持していくことが、
創造活動そのものです。

トヨタ自動車㈱名誉会長
豊田 章一郎

はじめに

　本書の執筆に取り掛かり始めた頃、ある地方都市で QC サークル活動の発表大会が開催された。筆者は特別講演の講師として招かれていたため、最寄りの駅からタクシーで会場に向かったのだが、車中、運転手から話しかけられたことが印象に残ったので、ここに紹介したい。

　その地方都市（A 市）の駅前商店街には、あまり活気が感じられなかった。1 時間に数本しかない電車の乗客は地元の高校生がほとんどで、車がないと生活が不便な、典型的な地方都市といえた。運転手曰く、「数年前に大型ショッピングセンター（SC）が進出してくるという話があった。多くの住民は町に活気が戻ることを期待したが、駅前商店街の地元の有力者が反対したため、結局その話はなくなってしまった。ところがその後、すぐ隣の都市（B 市）に、その SC が進出を果たし、今では A 市からも多くの住民が車で出かけている。こちら（A 市）は、ますます活気がなくなっていくのに、B 市は以前より経済的に潤っているようだ」とのことだった。初対面の乗客にいきなりこういう話を持ち出したということは、タクシーの売上に相当な影響があったのかもしれない。

　隣の芝生のたとえにもあるように、一概に B 市が万事うまくいっているとは限らない。近隣住民への交通渋滞や騒音の問題、さらには治安の問題も増加傾向にあるのかもしれない。とはいえ、経済的には人の往来も増えて、街に活気が出てきたことは間違いない。一方で、タクシー運転手の地元（A 市）はどうかというと、変化こそないが、昼間は隣の B 市に人が流れていき、地元の商店街はさらに活気を失い、閑古鳥が鳴いている。以前は同じような環境で、共に活気が乏しかったはずの隣り合わせの二つの地方都市が、一つの大型 SC の進出により、その後の発展に大きな違いが生じようとしているのである。

　読者諸氏は、この話をどのように受け止めるだろうか。「この二つの都市の違いがどこにあるのか」を一言で表せば、「大型 SC の進出を拒んだのか、受

け入れたのかの違い」だけである。これを、本書のテーマである問題解決の視点から捉えてみよう。ここで、仮に問題を「街に活気がなくなってきた」としてみる。A市の駅前商店街の有力者は、「SCの進出を受け入れることで少しは活気が戻る」と考えた可能性はあるが、自分たちの店への直接の影響や、B市で想定したような背反事項を考慮して、反対したものと推察できる。一方でB市では、活気が戻ってくることを期待して有力者が反対しなかったのであろう。このとき、背反事項についても同時に検討を進めて、事前の対策を可能な限り実施したと思う。

このように考えると、A市とB市の違いは、「変化を拒み現状のままとするのか」「変化を受け入れて現状を変えるのか」という選択の違いだけになる。問題解決とは改善をすることと同じである。現状を変えて（現状を）目標に到達させることである。この例でいえば、「街を活気ある状態にすること」である。したがって、変化を受け入れることができるところにのみ、問題解決・改善が存在するといえる。A市とB市の話は、問題解決の本質をまさに象徴的に表しており、今日の日本の縮図ともいえる。「閉塞感が強まる一方で、変化を拒むことも散見されるこの日本の経済が低迷している真の原因に迫ってみたい」と考えたことが、本書執筆の大きな原動力の一つとなった。

さて、執筆に至った動機がもう一つある。2013年9月に中部品質管理協会編として刊行した『"質創造"マネジメント』（日科技連出版社）において、筆者は執筆者7名のとりまとめと監修を行ったが、刊行から4年あまりが経過し、おかげさまで2017年12月時点で累計部数も5,000部を超えるほどになった。筆者は、中部品質管理協会主催のセミナーや講演会の講師を務めているが、そのたびに、『"質創造"マネジメント』の内容を数多くの受講者や聴講者に伝えてきた。その数は、10,000名に達したと思うが、概ね好評であり、「理解ができた」という肯定的意見が大半を占め、否定的な意見はごくわずかである。そこでは、多くの人にとって聞いたことがある、当たり前の話ばかりをしてきたのだが、体系的に全体像を示したことが、よい結果に結び付いていると思っている。

　しかし、セミナーや講演会では「全体像は理解できても、具体的に次に何をすべきかがなかなか見えてこない」「もっと事例を聞きたかった」という声をよく耳にする。「自分の問題を自分の知恵で解決に導くことが唯一の道で、他組織の事例を聞いてもあまり役に立たない」と筆者は考えていたのだが、実際には、一度も問題解決を経験をしたことのない人が数多くいることにやがて気づくようになった。したがって、今では、「まず、問題解決の基本を自ら体験してもらうことが、極めて重要なことだ」と考えている。

　そこで、「問題解決を実践して、その効果を体感する経験を、どうしたら多くの人に広められるのか」を考え、さまざまな機会を通じて、問題解決の考え方の普及と実践の場の提供に取り組んできた。まず、考え方の普及という面では、中部品質管理協会に「問題解決研修」を新たに立ち上げた。さらに筆者自ら、いくつかの大学の非常勤講師となって、学生に問題解決の考え方を教え始めた。さらに、実践の場の提供という面では、「問題解決研修のテーマ実習」という形で展開している。具体的には、「入社3年目の若手社員を対象とした約半年に及ぶ問題解決研修」「医師を対象とした半年間の問題解決研修」などである。また、いくつかの企業で個々の問題解決のテーマを直接指導することに取り組んできた。こうした取組みによる効果が、徐々にではあるが実績となって表れてきたこともあり、本書執筆の後押しとなった。

　私たちの周りには、数多くの「問題」がある。日常生活のたわいない問題から、会社の経営にかかわる問題、あるいは国家レベルの深刻な問題など、その内容はさまざまである。

　これらの問題は、それぞれ一見まったく無関係のように見えるが、「現在の状態とあるべき状態(もしくは目指す状態)との間にギャップ(隙間)がある」という点において共通している。さらに、現在の状態を変えて、あるべき状態に到達させるべく試みるという点も共通している。

　「改善」「PDCAを回す」「方針管理」「改革」「イノベーション(革新)」「戦略の立案と実行」「ビジョンの実現」「質の向上」「価値創造」などの言葉をよく耳にするが、これらが意味することは、すべて「問題解決」である。「問題

解決」は、一人ひとりが、もしくは、あらゆる企業・組織のトップから第一線までのすべての人々が質を向上させていく、すなわち、成長・発展していくために実践しなければならない極めて重要なものであり、すべての基本となるものである。本書では、これらの内容についても、その位置づけを中心に解説を試みた。マネジメント論を中心に、世の中ではさまざまな呼び方で問題解決が展開されているが、その本質はすべて同じところにあることを、本書を通じて多くの読者にお伝えすることができれば幸いである。

　トヨタ自動車の豊田章一郎名誉会長の著による2014年度の品質月間テキストとして出版された『モノづくりは、人づくり』(品質月間委員会)の「まえがき」に、次のような一文がある。

　「ご承知のとおり、今、世界ではグローバル化とイノベーションが急速に進展し、技術のパラダイムシフトが進んでおります。こうした中で日本は、環境・エネルギー、少子高齢化の問題など幾多の成長の制約となる課題を抱えており、現状に満足し将来の改革を怠れば、間違いなく世界の三流国になり下がってしまう危険性もあります。

　今、日本に求められるのは、これら諸課題を足枷と考えるのではなく、新たな成長の契機と捉えて、新たな発想のもとに創造性を発揮して挑戦していくことが大切だと思います。」

　冒頭に紹介したA市とB市の例からも明らかなように、今の日本に求められているのは、現状を変えていくこと、すなわち問題解決である。しかし、やみくもに何かを変えようとするだけでは何も効果は得られない。そこで重要となるのが、問題解決の基本的な考え方であるが、残念ながらまだ日本の社会のなかに浸透していないという現実がある。

　「問題解決が社会の共通言語となることで、正しい理解の下で現状を変えていくことができ、よりよい社会の実現につながる」と筆者は確信している。問題解決による質の向上なくして成長はない。問題解決の考え方とその進め方を

解説した本書が、製造業、サービス業、農林水産業、病院、学校、官公庁など、あらゆる分野の企業・組織のトップから第一線で働く皆さんはもちろんのこと、個人で成長を願う皆さんにも、役に立ててもらえれば幸いである。

　本書をまとめることができたのは、多くの方々のご指導、ご支援があったからと感謝している。中部品質管理協会、日本科学技術連盟、日本品質管理学会、名古屋大学医学部附属病院、岡山大学、トヨタ財団、トヨタ自動車業務品質改善部（旧 TQM 推進部）など、多数の関係組織・機関の皆さまにお世話になった。これらの関係各位の方々に、紙上を借りて厚くお礼を申し述べたい。

　最後に、本書の出版に関してひとかたならぬお世話になった日科技連出版社の塩田峰久氏、戸羽節文氏、田中延志氏にも、心からの謝意を表する次第である。

2017 年 12 月

古谷　健夫

目　　次

第1章 プロローグ

1.1 日本の労働生産性と経済成長

　問題解決について話を進める前に、労働生産性の観点から日本の現状を見てみる。いわゆる現状把握をしてみよう。公益財団法人日本生産性本部では、毎年「日本の労働生産性の動向」を公表している。歴史のある統計であるため、その信頼性は極めて高い。

　労働生産性は、「労働者1人当たりで生み出す成果、あるいは労働者が1時間で生み出す成果を指標化したもの」と定義される。この定義から明らかなように、労働生産性は「一人の労働者がどのくらいの価値を生み出しているのか」を表しており、その向上が、「経済成長や経済的な豊かさにつながる」とされている。

　さて、実際の数字はどうなっているのだろうか。「労働生産性の国際比較2016年版」[1] によれば、2015年の日本の労働生産性は74,315ドル（783万円）であり、OECD加盟35カ国中第22位である。主要先進7カ国では最も低い水準であり、米国の約6割という値になっている。

　一方、政府の経済財政諮問会議においては、さまざまな分野で積極的な投資を促し、労働生産性の向上を図っていくことが、今後の経済成長に欠かせないものとしている。そして、産業別では、特にサービス産業と中小企業が取り上げ

---

(1)　日本生産性本部Webページ：「日本の生産性の動向」(http://www.jpc-net.jp/annual_trend/)

られており、それぞれの労働生産性向上への支援をすることが記載されている。

　2020年頃に名目GDP 600兆円を達成するという政府の目標もあり、そのための労働生産性向上なのだが、「日本の労働生産性の動向」にも、経済財政諮問会議の資料にも、「どうしたら生産性が向上するのか」という根本的な疑問に答える内容の記述がほとんどなかったように思う。つまり、そこには問題を解決するための手段が見当たらないのである。

　労働生産性を向上させるためには、「労働による成果である付加価値（Output）を増やす」「従業員数または時間当たりの労働量である労働投入量（Input）を減らす」のいずれしかない。しかし、今まで公開された資料の内容のほとんどが、Inputを減少させるほうに重点が置かれていたように思える。労働生産性だけを対象とするなら、これも一つの考え方ではあるが、これでは肝心のGDPの伸びにはつながっていかない。したがって、「Inputを抑えつつ、Outputをどうしたら増やせるのか」についても検討が望まれる。

　Outputは企業でいえば売上に相当するが、これをどうしたら増やすことができるのか。ここで品質管理の出番がくるのだと思う。売上とは「顧客（お客様）のニーズを満たすことができる価値を提供することができた総量」に相当する。顧客のニーズを満たす価値が提供できなければ、当然ながら売上にはつながらない。しかし、時間の経過とともに、また、環境の変化とともに、顧客の求める価値も変化していくため、価値を提供する側も顧客の変化に追従して生み出す価値を変えていかなければならない。これを怠ると、顧客は離れ、売上は減少していき、最悪の場合は廃業に追い込まれてしまう。この価値を変えていく、高めていく行為こそが、「問題解決」「改善」であり、その結果、品質（質）は向上していく。

　このように考えると、今の日本に求められているのは、まさに「価値の創造」であり「質の向上」である。「質の向上なくして成長なし」なのに、日本の将来を考えるレポートのなかに、「質（品質）」「問題解決」「改善」といった言葉がほとんど出てこないのは、なぜだろう。ここに、いつまでも閉塞感が残り、なかなか先が見えてこない最大の理由があるのではないか。

1.2　最近の出来事から

　2015(平成27)年12月、大手広告代理店に勤務する新入社員が、自ら命を絶つという、まことに痛ましい事件が起きた。長時間労働による過労が原因の自殺とされ、違法な残業をさせたとして、会社が労働基準法違反の罪に問われた。政府の働き方改革の議論にも影響した事件である。

　2016(平成28)年9月、政府は「働き方改革実現会議」を設置し、その後、2017(平成29)年3月に「働き方改革実行計画(概要)」が公表された。そこには「働き方改革こそが、労働生産性を改善するための最良の手段」とあり、「労働生産性が良くなればその成果を働く人に分配することで賃金の上昇、需要の拡大につながり、日本経済の再生につながる」としている。

　そして、「日本の労働制度と働き方にある課題」として、

- 正規、非正規の不合理な処遇の差
- 長時間労働
- 単線型の日本のキャリアパス

の3つが挙げられている。政府の取組みの方向性は明確であるが、いずれも制度面の取組みである。

　肝心の「企業側が何をすればよいのか」についての指針は示されていない。したがって、「企業側が何もしなければ、制度面の縛りが厳しくなった分だけ、どこかにそのしわ寄せが生じてしまう」という懸念が残る。しかも、企業それぞれで事情は異なるため、画一的なやり方は、まず通用しない。では、どうすればよいのか。当事者それぞれが自分たちの状況に応じて今までの仕組み(仕事のやり方)を変えて、長時間労働が発生しないような仕組みを構築する他に手はない。これはまさに、問題解決そのものといえる。

　図1.1は、長時間労働に影響を及ぼすと考えられる要因を一般論として洗い出し、特性要因図にしたものである。あくまでも筆者の経験にもとづいて作成したものであるが、右側の枠で囲った「長時間労働(時間)」が、現状とあるべき状態のギャップを表す値(特性値)である。そこに矢印でつながっているそれ

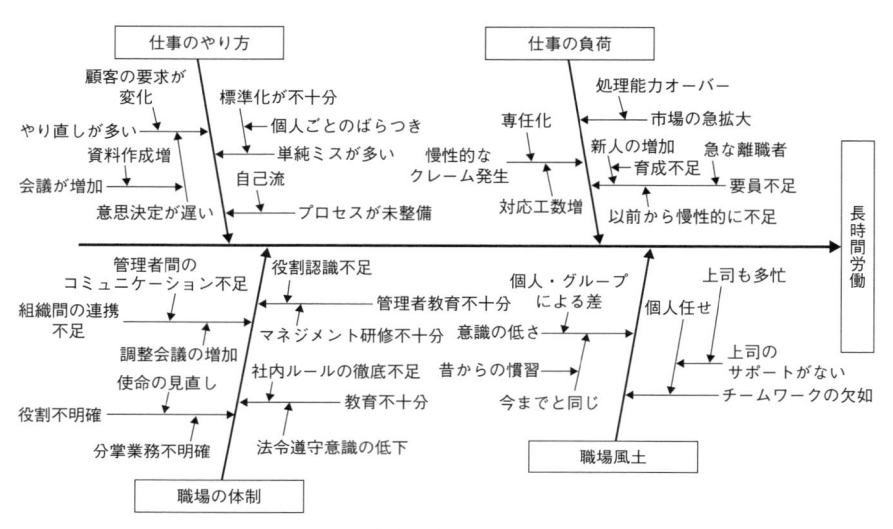

図 1.1　長時間労働の特性要因図

ぞれの項目が要因（ギャップの元となる原因）となるが、要因それぞれに関係性があるので、いくつかにまとめて分類される。このとき実際には、それぞれの組織・職場の状況が加味されることになる。また、「どの要因が長時間労働に大きな影響を及ぼしているのか」については、組織・職場ごとに異なってくる。そこで、特に重要と思われる要因をいくつかピックアップする必要がある。

　ある職場では管理者の労働時間に対する意識が低く、日頃から部下に関心を示さないため、慢性的な長時間労働となっていたのかもしれない。また、ある職場では経営者の意思決定が迅速にできず、調整のための会議ばかりが増え、そのための準備に多大な工数を要しているのかもしれない。さらには、それらの複合要因である可能性もある。このように、一口に長時間労働といっても、その要因はさまざまであることがわかる。そのため、企業・組織はそれぞれの状況に応じた対応策（対策）を考えていかなければならない。

　他の企業・組織がうまくできたからといって、それをそのまま自組織に導入

しても効果が出るとは限らない。ここに問題解決の難しさがある。政府の推進している働き方改革が成功するか否かは、「それぞれの企業・組織でどれだけ問題解決が図られていくのか」に依存している。したがって、多くの企業・組織に対して問題解決の考え方やそれに取り組む方法を普及させることこそが、働き方改革に最も必要とされていることではないかと考えられる。そして「これこそが、長時間労働による過労死を防ぐために最も重要なことである」と筆者は確信している。

1.3　今こそ日本の国際競争力を高めよう！

　前述のように、現在の日本の労働生産性は諸外国に比較して極めて低いレベルにある。また、多くの職場で長時間労働が蔓延している現状もある。こうした背景もあり、日本の国際競争力は近年低下している。

　IMD は、スイスに本部を置く著名なビジネススクール国際経営開発研究所（International Institute for Management Development）の略称で、毎年発行している『世界競争力年鑑』（WCY：World Competitiveness Yearbook）で各国の世界競争力を公表している。ここで、日本は 1992 年までは 1 位であったが、2017 年では 26 位まで順位を下げている。こうした統計がどこまで実態を正確に捉えているのかについては、議論もあると思う。しかし、一つ言えることは、「日本の国際競争力はバブル崩壊以降間違いなく低下している」ということである。この原因はどこにあるのか。これを考えることはまさに問題解決そのものであるが、なかなか真の原因は見えてこない。

　第二次世界大戦の敗戦（1945 年）によって、ほとんどの基盤を失った日本では、再び国際競争力を高めていくためにさまざまな団体が設立され、その後の日本の復興と成長を牽引していった。一般社団法人日本能率協会（終戦前に設立）、一般財団法人日本規格協会、一般財団法人日本科学技術連盟、一般社団法人中小企業診断協会、公益財団法人日本生産性本部などが、その代表である。また、こうした団体の後に、一般社団法人日本品質管理学会のような各種

学会も続々と設立され、日本の発展に寄与してきた。

　各団体はそれぞれの立場で日本の復興・発展に貢献してきたが、その目的は概ね共通していた。すなわち、「マネジメント、管理技術、人材育成などを通じて日本経済の発展に貢献する」という点で、ほぼ同じ立場にあったのである。

　終戦後の日本は、製品品質の大幅な向上とともに高度経済成長期を経て、国際競争力が世界No.1となるまで発展したことは周知のとおりである。前述の各団体が果たしてきた役割の大きさをここに改めて強調しておきたい。

　さて、日本が急速に成長している時代は、それぞれの団体が独自の活動を展開していても特段の弊害はなかったが、現在のような低成長の時代で、かつ国際競争力が低下している状況下では、以前と同じ取組みでは成り立たなくなってきているのだと思う。実際にこうした団体の主催する講習会やイベントへの参加者数を見てみると、高度経済成長期に比較して大幅に減少していることが多い。

　2015年6月、一般財団法人日本科学技術連盟主催の第100回品質管理シンポジウムが箱根の小涌園で開催された。品質管理シンポジウム（略称：QCS）については、日本科学技術連盟のWebページ[2]に次のような記載がある。

　「QCSは、産業界に広く品質管理に関する今後の方向性を示す事業として、1965年に創設いたしました。以降、年2回（6月、12月）継続して開催し、"日本の品質管理発展の歴史は、QCSにあり"とも言われています。2015年6月で記念すべき100回を迎え、今後も品質管理の発展を希求した組織的・計画的な場として、産・学・官の協力をいただきながら、本事業の使命を全うして参ります。」

　第100回目の記念シンポジウムのテーマは「日本の成長戦略を支える品質管理の役割」であった。まさに昨今の時流に沿ったテーマといえる。このなか

---

(2)　日本科学技術連盟Webページ（https://www.juse.jp/qcs/）

で、積水化学工業株式会社相談役の大久保尚武氏が、「企業経営と品質管理の SHINKA！」と題して特別記念講演をされた。当時大久保氏は、日本品質管理学会の会長を務められており、広い意味での品質管理を企業経営に役立てることで日本の成長に貢献できるとした。そのうえで、多くの関係団体の緩やかな連合体(アンブレラ組織)として、(仮称)JAQ(Japan Association for Quality：日本品質協議会)の設立を提唱されたのである。

　品質管理に関連するそれぞれの団体は、設立当初から日本の復興・成長という共通の目的をもってさまざまな活動を展開してきたが、取り巻く環境が激変した今日でも、個別の取組みに終始しているように思われる。団体間の連携もあまりなく、それぞれが従来の取組みをそのまま踏襲しているため、企業サイドから見ると、「どこからどのようにアプローチしたらよいのか」がわかりにくくなっている。そのため、品質管理の原点に立ち返って、共通の目的を共有することが求められているのである。このことを具体化するための手段として、大久保氏は緩やかな連合体(アンブレラ組織)を提唱されたのである。これは、まさに時宜を得たものであり、非常に価値のある提案といえる。

　JAQ は、「オールジャパンのクオリティにかかわる連携組織」として、日本品質管理学会が中心となり、2018年秋の設立に向けた準備が進められている。多くの団体が設立の趣旨に賛同して参画し、日本のこれからの成長および国際競争力強化のために、オールジャパン体制で取り組むことを願って止まない。このことは、第二次世界大戦後の、品質管理・マネジメントに一丸となって取り組んでいた状況の再現でもある。

第2章 マネジメントと問題解決

2.1 "質創造"と TQM

　本節では、マネジメントにおける問題解決の位置づけを整理する。マネジメントの全体像については、前著『"質創造"マネジメント』でまとめたが、その要点をここで整理しておく。詳細は前著を参照いただきたい。

■ 2.1.1 "質創造"—マネジメントの全体像—

　マネジメント・品質管理の全体像を図2.1に示す。

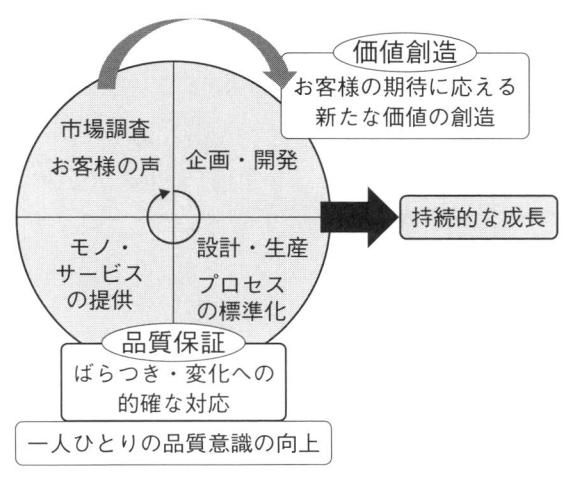

図2.1 "質創造"経営

　企業が持続的に成長していくためにやるべきことは2つある。

　一つは、「お客様の期待に応える新たな価値の創造」である。社会や市場のお客様の声に耳を傾け、顕在・潜在を問わずニーズをよく調査し、それを次のモノ・サービスの企画・開発に反映すべく、経営戦略として展開する……ことがまずは必要となる。このプロセスを「価値創造」とよぶ。

　そしてもう一つは、「ばらつき・変化への的確な対応」である。「価値創造」のプロセスで生み出された価値を品質特性値に置き換えて、モノ・サービスの設計や標準化を行う。その後、実際のモノ・サービスをお客様に届けることになるのだが、このときに、「要因」「評価尺度」に生じる「ばらつき」「変化」に直面する。企業活動のすべての段階において、これらの「ばらつき」「変化」に的確に対応し、品質特性値をお客様の満足の得られる範囲に収まるように保証し続けなくてはならない。このプロセスが「品質保証」である。

　「価値創造」と「品質保証」は車の両輪にたとえられる。どちらかに不備があっても車は走らず、企業の持続的な成長は望めない。かつて高度経済成長期には、お客様の求める価値は比較的一様であったため、大量生産への対応が急務であった。そのため、企業努力の大半は「品質保証」に傾注された。しかし最近では、価値観の多様化、グローバル化、少子高齢化、環境問題への対応など、企業を取り巻く環境は激変しており、お客様の求める価値は一定していない。したがって、企業は絶えずお客様の求めているものを把握して、お客様の期待に応えることができる新たな価値を生み出し続けていかなければならない。このような背景により、近年、「価値創造」の割合が急速に拡大している。

　「価値創造」と「品質保証」の二つを併せたものを"質創造"という。ここに、経営・マネジメントの本質を見い出すことができ、企業としてやるべきことは明確になった。しかし、経営の観点からはもう一つ、最も重要なことが残っている。「価値創造」も「品質保証」も、実際に行うのはすべて人だという現実である。したがって、企業に働くすべての人、一人ひとりの品質に対する意識を高めなければならない。よく「企業は人なり」というが、まさにこのことを指している。品質意識の低い（ない）人がいくら大勢集まっても、何も生

まれないのである。

　以上より、"質創造" 経営とは、

　　① 　一人ひとりの品質意識の向上

　　② 　ばらつき・変化への的確な対応

　　③ 　お客様の期待に応える新たな価値の創造

の 3 つの実践により、持続的な成長を遂げていく経営のことをいう。

　この順番に意味がある。なぜなら、企業をさらに発展させるためには、まずは一人ひとりの意識を高めなければならず、そのうえで日常の業務を確実に遂行して、お客様の満足を獲得し続ける必要があるからである。ばらつき・変化に的確に対応できる力が企業の基礎体力となる。基礎がしっかりできていなければ、新たな価値を生み出すことは難しい。また、今は生み出せているとしても、その価値を継続的に安定して提供できる保証はどこにもない。

　なお、これから創業する、もしくは創業したばかりの企業では、必ずしもこの順番とは限らないが、成長していく段階においては同じになる。

■ 2.1.2　TQM の位置づけ

　"質創造" 経営のやるべきことは整理できたが、次の段階として、「具体的にどのような方法で実践すればよいのか」が問題となる。こうした方法論がなくては、それこそ絵に描いた餅である。経営・マネジメントの道具は、日本ではTQM（Total Quality Management）のなかに数多くあることが知られている。日本科学技術連盟、日本品質管理学会などに所属する大学の先生・有識者を中心にして、多くの手法が開発されてきた。それらは、主に製造業を中心とした日本企業のなかに展開され、浸透し、そして企業の発展に大きく貢献してきたのである。このようにして、TQM は経営のための道具・手法として位置づけられるようになった。すなわち、経営としてなすべきことが "質創造" であり、その実践のための道具・手法が "TQM" なのである。

　図 2.2 では "質創造" 経営における 3 つのやるべきことそれぞれに、活用できる TQM の手法を対応させている。

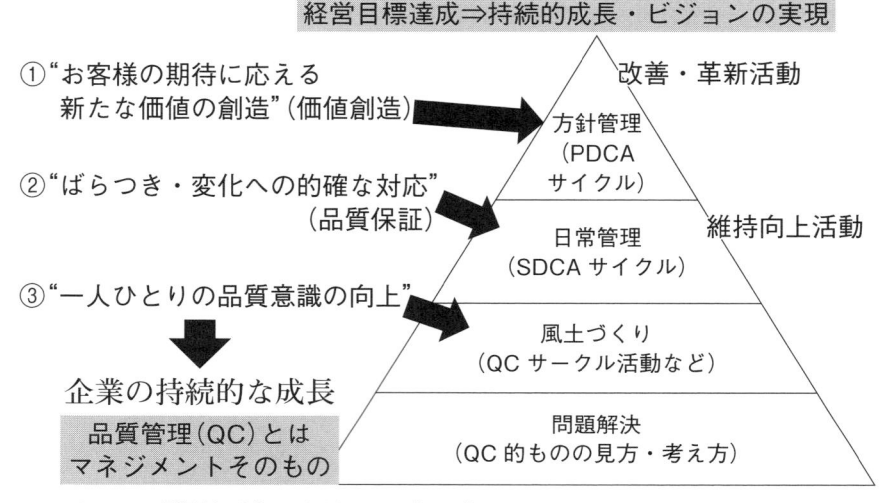

図 2.2　「"質創造" マネジメント」の道具として活用できる TQM の手法

　「一人ひとりの品質意識の向上」のためには、風土づくりが重要である。その代表例は第一線のメンバーを対象とした QC サークル活動や小集団改善活動である。また、「ばらつき・変化への的確な対応（品質保証）」のためには、日常管理が重要である。SDCA のサイクルをしっかり回していくことで、品質保証が可能となる。さらに「お客様の期待に応える新たな価値の創造（価値創造）」のためには、方針管理が重要となる。経営戦略にもとづいた方針を展開し、PDCA のサイクルを回すことで、新たな価値が創出されるからである。

　このように考えると、従来の品質管理（QC・TQC・TQM）が培ってきた考え方・手法は、すべて質創造（経営）のための道具であることがわかる。さらに、マネジメントは企業・組織が持続的成長を図るために必要な概念なので、「品質管理はマネジメントそのもの」ということができる。

■ 2.1.3　PDCA と SDCA

　本項では、PDCA と SDCA の概要について解説する[1]。図 2.3 は両者の比

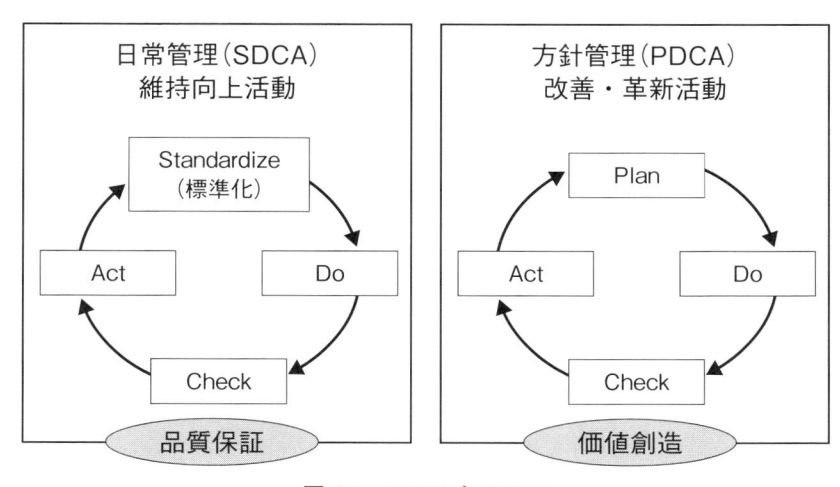

図 2.3　PDCA と SDCA

較を示す。

　PDCA は新たな価値を生み出す価値創造のマネジメントサイクルであり、そのための仕組みとして方針管理がある。また、具体的な取組みとして改善・革新活動が行われる。これに対して SDCA は、標準化を起点とする品質（生み出した価値レベル）を保証するためのマネジメントサイクルであり、日常管理として位置づけられ、維持向上活動が展開される。**図 2.4** に、SDCA サイクルと PDCA サイクルの関係を示す。

　SDCA サイクル（日常管理）において、「異常」とよばれる「いつもと違う」ことが必ず発生する。これにいかに早く気づくか。問題の早期発見が日常管理の重要なポイントとなる。ほとんどの場合、その場で処置ができ、いつもの状態に戻すことができるが、しばしば新たな問題が発生し、いつもの状態に戻せない事態が生じる。また、再発や慢性的に発生している問題が残存している場合も多くある。こうした問題に対して、問題解決が必要となり、PDCA サイ

---

(1)　詳細は前著『"質創造"マネジメント』4.2 節を参照。

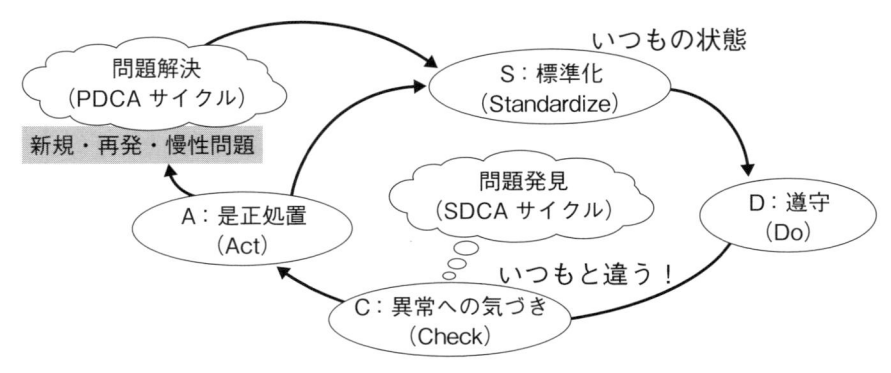

図 2.4　SDCA サイクルと PDCA サイクルの関係

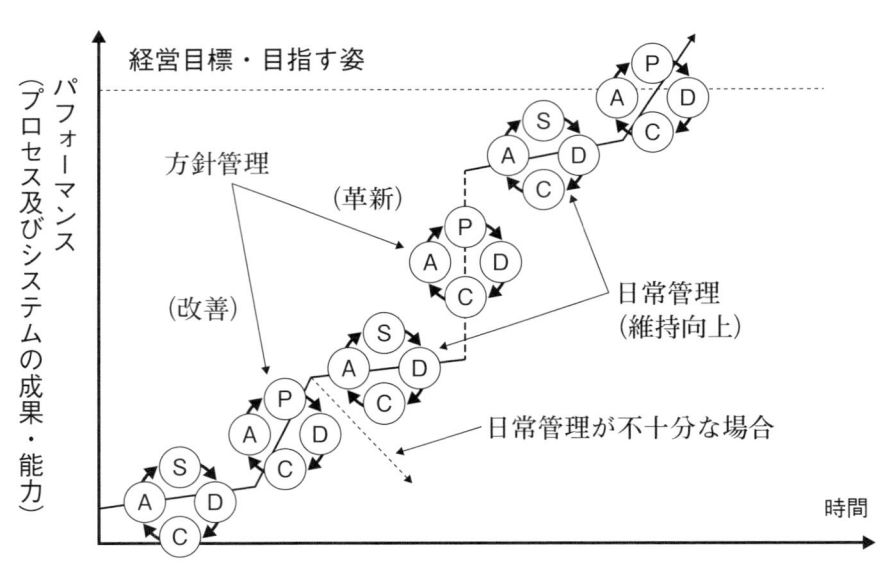

（出典）　日本品質管理学会：JSQC-Std 32-001：2013、日常管理の指針、p.6、図 1 より筆者作成。

図 2.5　日常管理（維持向上）と方針管理（改善・革新）

クルを回すことになる。ここで、PDCA は「問題解決のマネジメントサイクル」と位置づけられる。これに対して SDCA サイクルは、「問題発見のマネジメントサイクル」と位置づけることができる。

SDCA と PDCA のもう一つの重要な関係である維持向上活動と改善・革新活動の関係について、日本品質管理学会規格「日常管理の指針　JSQC-Std 32-001：2013」の「図 1　維持向上、改善及び革新」を参考にしてまとめたものを図 2.5 に示す。

横軸に時間、縦軸にパフォーマンス（成果）をとると、PDCA と SDCA によってレベルが確実に高まっていくことがわかる。これを継続することで、経営目標の達成、さらには経営ビジョンの実現が可能となる。

2.2　問題解決はマネジメントの基本

■ 2.2.1　問題とは

「問題」は、日本品質管理学会規格「品質管理用語　JSQC-Std 00-001：2011」の 7.3 で次のように定義されている。

「設定してある目標と現実との、**対策して克服する必要のあるギャップ。**」（太字は筆者）

このなかにある、「設定してある目標」を「目指す姿」に、また、「現実」を「現状の姿」に置き換えてみると、「問題」を図 2.6 のように表すことができる。すなわち「問題」とは、「現状の姿と目指す姿のギャップ」なのである。

このように、「問題」の定義は至ってシンプルであるが、このなかにはとても厄介なことが二つ潜んでいる。一つは、「目指す姿」の設定である。つまり、価値を提供する側が自分たちの都合で「目指す姿」を設定してしまうことが考えられる。

例えば、車の燃費を考えてみよう。筆者が初めて車を購入したのは 40 年近

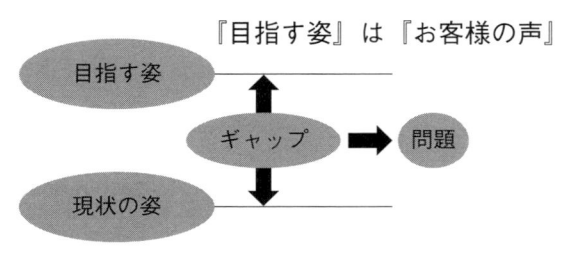

図 2.6　「問題」の定義

く前のことになる。当時 1ℓ のガソリンで走れる距離はせいぜい 5 〜 7 km 程度であり、10 km 走れる車はほとんどなかったと記憶している。その後の技術の進歩は目覚ましく、現在では、20 〜 30 km/ℓ が当たり前になっている。こうしたなかで、これから開発する車の燃費目標値をどうすればよいのか。その答えは自明であろう。作り手側の手の内にある技術で実現できる走行距離を目標としても、世の中の流れは激しく、取り巻く環境も大きく変化している。したがって、顧客の満足が得られる燃費の値も時々刻々変化している。顧客の要求・期待をよく把握したうえで、それを上回る値を設定しなければ、生き残っていくことはできないのである。「目指す姿」は「お客様の声」と強く意識し続けていなければならない。ここに問題の厳しさがある。

　もう一つの厄介なことは、関係者が**対策して克服する必要のある**と思わない限り、問題が問題として認識されないという点である。どのようなギャップが目の前に認められたとしても、「今のままで構わない」「それは自職場の責任ではない」「誰かが対策をしてくれるだろう」「今は忙しいので何もしない」など、問題を適切に認識しない言い訳は数多く出てくる。では、どうしたら「それは克服する必要がある」と思えるようになるだろうか。

　「目指す姿」はお客様の声であるから、それとのギャップがあるということは、お客様が満足していない状態にあることを意味する。そのため、このような状態を放置しておくと、自然とお客様は離れていき、その企業・組織は衰退に向かうことになる。全員がお客様の立場でギャップと向き合うことによってのみ、「ギャップを克服する必要がある」と思えるようになるのである。問題

に対応できない理由は価値を提供する側の内部の都合であり、お客様の立場からはどうでもよいことである。くれぐれも、お客様不在の論理を展開してはならない。

■ 2.2.2 問題解決とは

「問題」に続いて、「問題解決」とは何かを考えてみよう。日本品質管理学会規格「品質管理用語　JSQC-Std 00-001：2011」では、「問題解決」を「問題に対して、原因を特定し、対策し、確認する一連の活動」と定義している。これにより「ギャップを生じさせている原因（要因）」を特定し、対策することで、「ギャップが解消されたのかどうか」を確認するまでの活動が「問題解決」だと解釈できる。つまり、一言で表すと、「目指す姿と現状の姿とのギャップを埋める活動」なのである。

ここで、改めて品質（質）とは何かを前著『"質創造"マネジメント』の内容にもとづいて振り返ってみよう。そこでは、「品質（質）」を「対象は問わず（顧客が）関心を示したものが、どれくらい（顧客の）ニーズを満たしているのかを示すもの」と定義した。一言で表すと、「もののよしあし・ねうち」となるので、「よしあし・ねうち」を測れるものはすべて品質（質）となる。また、このように測ることができる値のことを特性値とよぶが、特性値は品質（質）を表す値なのである。

さて、ここで、「問題」を認識するとき、現状の姿と目指す姿の表現方法を考えてみよう。一般的には、それぞれのレベルを比較できる共通の指標・評価尺度が用いられる。それらは、時間、寸法、距離、重量、アンケートの評点、売上高、営業利益率、適合率、稼働率、災害件数など、無数に存在しているが、いずれもあるものの品質（質）を表す特性値と見なすことができる。

このように捉えると、「問題解決」とは「品質（質）を表す特性値を目指す姿の値まで高めていく活動」にほかならない。つまり、問題を解決するということは、「PDCAサイクルを回すこと」「改善をすること」「質を高めていくこと」と同じであり、"質創造"マネジメントそのものといえる。**図2.7**に品質を起

「品質／質」とは、あらゆるものが対象となる。
　⇒例えば、製品・サービス、プロセス、システム、経営、組織、
　　風土などである。

「品質管理」とは「マネジメント」そのものである。
　⇒「マネジメント」を良くすれば「品質／質」も良くなる。

「マネジメント」の基本は、問題を解決することである。

改善すること
「PDCA」サイクルを回すこと
[Plan（計画）　Do（実施）　Check（評価）　Act（処置）]

図 2.7　問題解決とマネジメント

点とした問題解決とマネジメントの関係性を示す。問題解決はマネジメントの
すべての基本となっているのである。

第3章 問題解決の3要素

3.1 問題解決に必要なもの

　問題を解決するための方法はさまざまである。本書では、日本の品質管理界が培ってきた考え方にもとづいて解説するが、ここに一つ大きな障壁が存在している。品質管理のほとんどの考え方や手法は、多くの大学の先生や有識者がそれぞれのやり方で現場に入り込み、実学として生まれ、発展してきたものである。したがって、統一された内容を示すことは困難なのである。

　日本品質管理学会では、2011年から学会規格の作成に取り組んでおり、用語や考え方をある程度統一する方向で検討を進めてきた。しかし、実際の現場では、やはりそれぞれの指導者の影響が出てしまうのが現実である。

　そこでここでは、企業・組織の立場から見てわかりやすいことを最優先として、それらを整理してみることにした。専門家から見ると整合性のとれていないところもあると思われるが、「問題解決にどれだけ役立つか」という視点からまとめたものであることを、理解してもらいたい。

　問題を解決するために必要となるものは、大きく3つに分けられる。

　1つ目は、問題を解決するための基本的な考え方である。品質管理界では、QC的ものの見方・考え方とよばれており、属人的にならないための重要な考え方である。QCは品質管理であり、品質管理は問題解決そのものであるから、ここでは「問題解決の見方・考え方」とよぶことにする。

　2つ目は、問題を解決するための手順である。基本的な考え方を具体的な行動に落とし込むためには、そのための方法論、すなわち手順の整備が求められ

る。これが、いわゆる QC ストーリーとよばれているものである。ここでは、問題を解決するための手順という意味で、「問題解決ステップ」とよぶことにする。"守・破・離" でいうところの守の位置づけである。

　3つ目が、問題を解決するために有効となる各種ツールである。問題解決では、それぞれの問題解決ステップで品質管理特有の手法が使われており、QC 七つ道具は、その代表格である。こうした手法には、自然発生的に現場から生まれてきたものも多く、必ずしも世間一般に広く認知されているとは限らない。また、学校教育で取り上げられてこなかったことも、問題解決が普及しない大きな要因となっている。そのため、問題解決に役立つツール・手法の取捨選択は極めて難しいが、ここでは、筆者の主観によって体系化したものを「問題解決ツール」とする。

　以上のことから、問題解決に必要なものは、次の3つに集約される。この3つを総称して、「問題解決の3要素」とよぶことにし、それぞれ 3.2 節〜 3.4 節で解説しよう。

　　①　問題解決の見方・考え方(3.2 節)
　　②　問題解決ステップ(3.3 節)
　　③　問題解決ツール(3.4 節)

3.2　問題解決の見方・考え方

　前述のとおり品質管理(QC)界では、「QC 的ものの見方・考え方」という言葉がよく使われている。筆者も会社に入社して間もないころに、セミナーで習った覚えがある。しかし、その内容は教科書によってまちまちであり、統一されていない。しかし、どこでも概ね似たような内容のため、大枠については暗黙に合意されてきたものと思われる。

　このような状況で最も著名なテキストは、細谷克也先生の著書『QC 的問題解決法』(日科技連出版社、1989 年)である。細谷先生はそのなかで次のように述べている。

　「QC 的問題解決法のポイントの 1 つは、"QC 的な考え方"にあります。問題解決活動に当たって、この考え方が欠如していますと、その問題解決は"QC 的"とはいえないことになります。TQM が品質保証、生産量管理にとどまらず、原価管理、販売量管理、職場の活性化などの多くの分野でも大きな効果を上げているのは、そこに QC 特有の合理的な考え方があったからです。」

　以上のことを踏まえて掲載されている表を、上記の書籍から項目のみを抜粋し、表 3.1 として紹介する。

表 3.1　QC 的な考え方

区分	QC 的ものの見方・考え方	区分	QC 的ものの見方・考え方
総合的な考え方	① 企業体質の強化	管理の考え方	⑪ PDCA のサイクル
	② 全員参加の経営		⑫ ファクト・コントロール
	③ 教育・普及		⑬ プロセス・コントロール
	④ QC 診断		⑭ 標準化
	⑤ 人間性の尊重		⑮ 源流管理
統計的な方法	⑥ QC 手法の活用		⑯ 方針管理
	⑦ バラツキ管理		⑰ 機能別管理
保証の考え方	⑧ 品質第一	改善の考え方	⑱ 重点指向
	⑨ 消費者指向		⑲ 問題解決の手順
	⑩ 後工程はお客さま		⑳ 再発防止、未然防止

（出典）　『QC 的問題解決法』（細谷克也、日科技連出版社、1989 年）より筆者作成。

　表 3.1 には問題解決だけでなく、TQM 全体の基本的な考え方が過不足なく網羅されている。現代の経営に対してもそのまま適用できる内容は、細谷先生の卓越した洞察力が集約されているものといえる。

　トヨタ自動車（以下、トヨタ）でも、表 3.1 を参考にして、自前の QC 的ものの見方・考え方を整理し、グループ各社を含めた QC 教育において活用してい

る。共通の項目も多いが、必ずしもすべてが同じ内容ではない。同様に自社の状況に応じて見直したり、QCの指導者がそれぞれの知識や経験に応じて考え方を整理していることが多い。そのため、属人的になったり、部分最適になっている傾向があり、一般に広く普及することにつながっていない。やはり基準となるものが必要である。そこで、もう一度品質管理の原点に立ち返り、問題解決の観点から整理してみた。その結果、問題解決の見方・考え方として、**図3.1**に示す7項目を抽出した。それらを**3.2.1項～3.2.7項**に解説している。

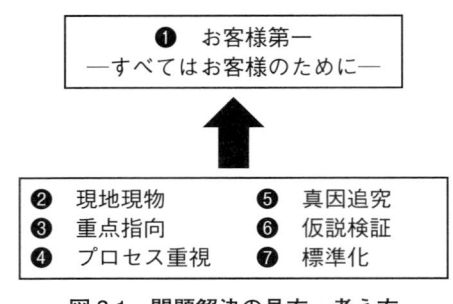

図3.1　問題解決の見方・考え方

■ 3.2.1　お客様第一

　品質管理(QC)の本質がマネジメントそのものであるとすると、その目的は「質を高める」ことにほかならない。質を測るモノサシや評価尺度はお客様がもっている。したがって、お客様のニーズを満たす度合いをさらに高めていくことが品質管理および問題解決の目的となる。「お客様第一」の考え方がすべてに優先されなければならない理由がここにある。

　しかし、お客様第一の解釈もさまざまである。ここでは、前著『"質創造"マネジメント』の12頁でも紹介した「企業活動の原点は顧客創造です」という言葉に、お客様第一の本質があると解釈する。顧客を創造するということはお客様をつくることであり、お客様がいなければ何事も成り立たないのである。そのため、まずはお客様のことを第一に考えて行動することが求められる。このことは、すべてに優先する最重要事項であり、したがって「お客様第

一」を問題解決の見方・考え方の最上位に位置づけ、他の項目とは区別して考えなければならない（**図 3.1**）。「すべてはお客様のために」なのである。

■ 3.2.2　現地現物

　お客様を第一に考えて行動するために最初に検討すべきことは、お客様の顕在または潜在ニーズである。「お客様が何を欲しているのか」を把握したうえで、自組織としてアウトプットするものを決定しなければならない。そのためには、お客様の生活や仕事などにおいて、モノ・サービスを活用している実際の場面で何が起こっているのか、また起こっていることに対して、「お客様がどのように感じたり、思ったりしているのか」を把握し、理解することが何よりも重要となる。これがいわゆる「現地現物」とよばれている考え方である。一般的に「三現主義」とよばれることが多い。

　日本品質管理学会規格「品質管理用語　JSQC-Std 00-001：2011」では、三現主義を「現場で、現物を見ながら、現実的に検討を進めることを重視する考え方」と定義している。他にも「5 ゲン主義」(三現主義＋原理、原則)というものもあり、呼称に関しては統一されていない。しかし、若干の差異はあるものの、企業や組織の問題解決においては、どれも同じ意味と見なしても構わないと考えられる。そのため、ここでは、最もシンプルな表現である「現地現物」という言葉に統一する。

　トヨタが創業以来、長年培ってきた経営上の信念・価値観は、2001 年に「トヨタウェイ」[1] として整理された。そのなかに、「Genchi Genbutsu（現地現物）」があり、関連資料には次のような解説が記載されている。

　「Genchi Genbutsu
　　現地現物で本質を見極め、素早く合意、決断し、全力で実行する」

---

(1)　トヨタ自動車 Web ページ：「「トヨタウェイ」の編纂」(http://www.toyota.co.jp/jpn/company/history/75years/text/leaping_forward_as_a_global_corporation/chapter4/section7/item4.html)

　現地現物の考え方では、現場で起こっている事実が何よりも重視される。そのため、関係者は現地に行って、直接五感で事実を捉え、そのうえでデータとして整理しなければならない。さらに重要なことは、関係者による事実の共有である。いま目の前で起こっている事実を客観的なデータとして共有することで、「何をしなければならないのか」が明確になってくるのである。ここでは、内部の論理は通用しない。なぜなら、「お客様に対してどのような価値の提供が必要なのか」が問われているからである。

　さて、事務所の机に座ったまま、現場から上がってくる情報・データだけで意思決定をしたことで、誤った対応をしてしまうケースが散見される。これは、データの背後に潜む事実を見落としてしまったことによるものである。

　例えばある工場では、しばしば製品の表面にキズが発生していた。そのため、全数目視検査をしていたが、ある日、今まで発生したことのない部位に表面キズが発生した。現場からは「キズの発生数が増えてきている」との連絡があったが、しばらく様子を見ることにして特段の対策を講ずることはなかった。しかし、数日後には表面キズがクレームとなって後工程から大量に戻ってくるという事態になり、全数回収となったのである。なぜ、こうした事態になってしまったのか。目視検査の担当者は複数名存在していたが、今まで発生したことのない部位についての検査が徹底されず、見逃してしまったのである。今までにない部位にキズが発生した際に、すぐに関係者が集まって現物を確認し、その場で対策を講じておけば、お客様である後工程に迷惑を掛ける事態には至らなかっただろう。このように単なる数字だけのデータを見ていても、事実を見過ごすおそれがある。

　同様なことは、サービス業でも起こりうる。筆者の体験談で恐縮だが、あるレストランでソースカツ丼を注文したところ、出てきた丼には肝心のソースがほとんど掛かっていなかった。期待外れだったので、店員に「これで間違いがないか」と聞いてみた。店員はわざわざ厨房までいって確認してきてくれたのだが、その回答は「マニュアルどおりに調理しましたので問題はありません」であった。目の前に期待外れと思っている客がいるにもかかわらず、そこまで

考えが及ばなかったのであろう。こうしたときこそ、「お客様のニーズを現地現物で確認できる貴重な機会だ」と捉えるべきである。とはいえ、この例では個人の嗜好の問題なので、他のほとんどのお客様は満足していたのかもしれないが……。もし同様の声が他にもあるのなら、味付けの改善が求められることになるだろう。

■ 3.2.3 重点指向

　現地現物でお客様のニーズを把握することはできる。しかし、お客様のニーズは必ずしも同じではないという厄介な問題にどのように対応したらよいのだろうか。さらに、時間の経過とともに、そのニーズは変化するし、地域による差もある。グローバルなビジネスでは、それぞれの地域で異なるお客様のニーズを正しく把握することが求められており、1つの地域で成功したからといって、他の地域でも成功するとは限らない。では、多様なニーズに対応するためにはどうすればよいのか。お客様のニーズに何もかも対応することはできない。人的あるいは物理的に限界があるからだ。そこで、重点指向の考え方が重要になる。

　重点指向は、文字どおりさまざまな問題から、「いま解決すべきもの」を選択し、それに注力する考え方である。お客様個々に異なるニーズを把握することで、その分だけ問題が存在していると捉え、そのなかから重要度や緊急度、拡大傾向などを勘案して優先順位をつけ、限られたリソーセスの有効活用のために、取り組むべき問題を絞り込むのである。

　このことは、企業・組織レベルにおける戦略の策定にほかならない。事業ドメインやビジョンを明確にすることで目指す姿が見えてくるので、これにより、取り組むべき問題（テーマ）が絞り込まれてくるのである。

　職場や個人についても同様である。「お客様のニーズに応えるために何をしなければならないのか」を考えることがすべての出発点となる。「現状、お客様のニーズを満足するものが提供できているのか」「できていれば今のままで何もしなくてもよいのか」「もしできていないとすると、何が不足しているの

か」など、検討すべき事項が次々に出てくる。こうした問題点を整理して、いま解決すべきこと(テーマ)を決めることが、重点指向なのである。

■ 3.2.4　プロセス重視

　解決すべき問題を明確にして、関係者それぞれに共有できれば、いよいよ問題解決活動が始まる。**2.2.1 項**で解説したように、「問題とは現状の姿と目指す姿とのギャップ」であり、「問題解決はそのギャップを埋めることである」から、ギャップを生じさせている原因を探し出すことが重要となる。ある結果(ギャップ)が生じるのは、その結果に至るまでの過程(プロセス)が必ず存在するからである。「火のないところに煙は立たぬ」という諺もあるように、結果に至る過程のなかに、必ず火種が存在している。そのため、問題解決活動では、その問題が発生するまでの過程(プロセス)を明確にしておくことが不可欠となる。これが、プロセス重視の考え方である。

　プロセスを関係者それぞれに共有することが、何よりも重要である。しかし、必ずしもプロセスが明確になっておらず、人による差やその都度やり方が異なってしまうケースが散見される。したがって、「現状の姿として、実際にどのようなプロセスで行われていたのか」を表す必要がある。トヨタ生産システム(TPS：Toyota Production System)では、表準^{おもてひょうじゅん}という言い方をすることが多い。すでにプロセスが明確になっているケースも、そうでないケースも含めて、問題を解決しようとする際には、現状のプロセスをありのまま書き表して関係者で共有することから始めることが、極めて効果的な進め方となるのである。このプロセスを重視する考え方が、近年のバリューチェーンやサプライチェーンという考え方につながってきているのである。ここで、**図3.2** に、一般的な企業・組織とお客様の関係を示す。

　点線内がお客様に価値を提供する側の、いわゆる価値連鎖(バリューチェーン)である。これは、お客様に届ける価値を最大化するようなモノ・サービスをアウトプットとして定めたうえで、それを生み出すために設定された一連のプロセスに他ならない。このプロセスには、自職場を中心に、前工程・後工程

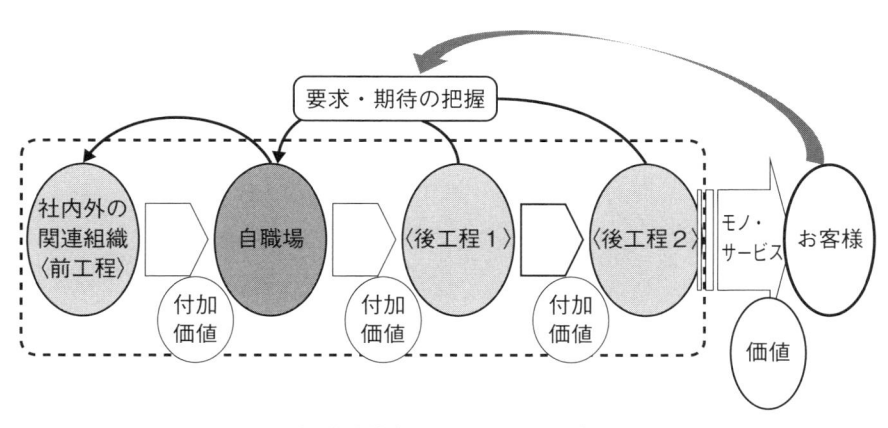

図 3.2　価値連鎖（バリューチェーン）の概念図

などの関係部署が存在する。さらに外部のサプライヤーや小売店など、自組織以外の組織も含まれることになる。これらがサプライチェーンを構成している。

　提供している価値がお客様のニーズ（要求・期待）を満たすことができなくなったとき、問題が発生する。そのため、提供する価値をお客様のニーズに応えることのできるレベルにまで高めなければならない。したがって、今までと同じ価値の連鎖、同じプロセスでは対応できなくなる。価値連鎖において、いつまでも同じ役割分担のままという状態は成立しないのである。それぞれの組織の使命は、お客様に提供する価値に応じて、その都度変更していかなければならない。また、価値の最大化に向けて、組織の枠組みを変更することも求められる。「組織の管理者の最も重要な役割は、部署間の役割分担の調整にある」といわれている。部署の間に壁が存在し、それぞれの連携が不十分になった企業・組織は、内部の論理が優先されるため、お客様のニーズに応えることができなくなり、やがて衰退していく。

■ 3.2.5　真因追究

　問題となっているギャップを生じさせている根本的な原因を要因といい、プ

ロセスを明確にした後に追究すべき事項となる。プロセスが明確になった段階で、ある程度「どのプロセスに要因が潜んでいるのか」は見えてくるが、まだ特定することはできない。そこで、まず、関係者が集まって考えられる要因をすべて洗い出すことが求められる。その際には、制約条件を一切設けないことが肝要である。なぜなら、この段階で要因を絞り込んでしまうと、重要な要因を見落としてしまう可能性が高くなるからである。また、大勢の知恵を集めることで、一人では思いも寄らない要因が出てくることもある。こうして、過去の知見、ノウハウなどを総動員する。ここで、前例のない要因を検討する場合、ベンチマーキングや新たな発想にもとづいた検討が求められる。いずれにしても、確固たる裏付けがたとえなくても、関係者による要因の抽出が、問題を解決していくうえで極めて重要な意味をもつのである。こうした検討の後、要因の絞り込みとともに、その影響の大きさについての検討がさらに必要となる。

　影響が大きいとされた要因を、真の原因という意味で真因とよぶことが多い。真因の追究では、「5回のなぜ」や「なぜなぜ分析」などの手法が活用されることも多い。こうした関係者による真因追究により、問題発生の原因がある程度絞り込まれる。

　以上、「現地現物」「重点指向」「プロセス重視」「真因追究」と順番に解説をしてきたが、それらに共通する最も重要なキーワードは、「共有」である。問題解決は決して一人ではできない。数学の問題は一人でも解けるが、実社会における問題は、ある意味、正解のない問題ばかりである。しかも、数多くの事柄が重なり合って発生しているため、関係者も多数存在している。したがって、まずは事実を正確に把握して共通認識をもつことが、何よりも優先されなければならない。

　設計や生産、営業などの現場で、何か問題が発生したとする。明らかなミスによるものを除くと、多くの場合、「本当にそれが問題なのか」という意見が出てくる。そのため、まず問題を共有することから始めなければならないが、この真因追究の場面においても同様の事態が生じる。発生した問題を前にし

て、その現場のベテランやキーマンから、「それはこれが原因では」といった発言があると、その周囲は皆、思考停止に陥ってしまうことが多い。確かにほとんどの場合、そういった意見に従うことで解決することになるのだが、必ずしもそうならない場合があるので厄介である。特に、新規に発生した問題や何回も再発している問題では、なかなか解決に至らないことが多い。

製造業では、生産ラインの作業員がミスをして不具合を発生させた場合、作業員がその作業に十分習熟していなかったとするケースが多い。そのため、訓練をしっかりしたうえで作業に従事させるのだが、実際はそれほど単純ではない。「生産量が一時的に増えて標準が遵守できる状況になかった」「作業員が突発で休んだため、急遽、計画外の作業員が当該作業を実施することになった」「生産設備の不具合が発生したためその復旧過程で作業手順が不規則となってしまった」など、さまざまな状況が考えられる。作業員がミスをした背景にある事実を把握することが、真因追究となるのである。

■ 3.2.6 仮説検証

真因追究で真因とおぼしきものがいくつか特定されるので、次にその真偽を確かめる必要がある。これが仮説検証である。まず、「真因に対してどのような対策を実施すれば問題が解決できるのか」を考える。ほとんどの場合、対策は複数出てくるので、それぞれについて実施計画を立てて、それらを優先順位づけする。次に優先順に対策を実施し、その結果を効果として検証する。これにより、「真因と特定したものが問題・ギャップを生じさせている」という仮説が正しかったのか、そうでなかったのかを確認できる。

一つの対策の実施により得られた結果が「効果」である。「成果」ではないことに留意して欲しい。それぞれの仮説を検証し、対策ごとにその効果を調べる必要があるので、仮説検証においては、「効果」という表現が適切である。

仮説検証において数字を扱う場面では、定量的な判断を求められることが多い。生産現場における不適合品の発生率や機械の可動率、サービスの現場における来客数や売上高など、さまざまな指標・評価尺度があるが、それらを扱う

考え方は同じである。例えば、ある地方都市の青果店を想定してみよう。「昨年の同時期と比べて売上が減少している」という問題・ギャップが発生していたとする。検討の結果、「最近郊外に大型ショッピングセンターの出店があったことが影響しているのではないか」という、一つの仮説に到達した。この場合、出店前のある期間の売上高と出店後の売上高を比較することで、「統計的に有意差がある（差に意味がある）のかどうか」を求めることができる。この際に用いられる手法が、SQC（Statistical Quality Control）手法とよばれるものである。これは数式を扱うため、名前を聞いただけで拒絶反応を示す読者もいると思うが、そもそも「何のために解析しているのか」を常に意識していれば、その目的のための道具・ツールにすぎないことがわかるであろう。解析の結果、「確かに出店後の売上高と出店前の売上高に、統計的に有意差がある」という結論になれば、大型ショッピングセンターの影響は無視できないことになり、青果店としては、その対策を考えなければならなくなる。その反対に、有意差が出なかったとすると、他の要因が存在している可能性は否定できない。例えば、仕入先を変更したことにより野菜の鮮度が落ちて店の評判が悪くなり、売上高の減少に大きく影響している可能性がある。

　どのような仮説も検証を伴わなければ、単なる推論でしかない。対策を考えて確実に実施し、その効果を一つひとつ確認することが極めて重要なのである。仮説検証の場面では、できるだけ客観性を高めておかなければならない。論理的・科学的な内容であれば、結論に対する関係者の納得性も高まる。組織内部のパワーバランスや属人的なノウハウなどに影響されて、誤った結論を導くことだけは、くれぐれも避けなければならないのである。

■ 3.2.7　標準化

　仮説検証の結果、対策内容の効果が認められたら、その対策内容を採用することになる。その後、問題が解決されて、目指す姿、もしくはより良くなった状態（目指す姿に近づいた状態）を維持していくために、対策内容を継続して実施できるようにしておかなければならない。このとき必要となるのが標準化で

ある。そこには、必ず今までのやり方とは異なるものが存在している。生産における新たな工程を追加する場面では、作業標準が新規に作成される。設計業務の再発を防止する場面であれば、設計標準が改訂される。調理の仕方を改善する場面であれば、調理マニュアルが見直される。さらに、イベントの開催プロジェクトを改善する場面であれば、プロジェクト計画表への追記や個々の実施計画が見直しの対象となる。標準はさまざまな形態をとっているが、その新設または変更いずれの場合でも、提供するモノ・サービスの価値が高まることになり、お客様のニーズをより満たすことができるようになる。そのため、新設または変更された標準を継続して遵守できるようにするための検討も、極めて重要となる。

標準の完成度をいくら高めても、それが守られなくては何の意味もない。作業標準であれば、作業者の訓練に加えて、適切な手順や作業姿勢の確保などの検討が必要となる。設計標準の改訂では、必ずといっていいほど背反事項が存在する。原価低減を目的に安易に設計変更したことで、クレームが発生して莫大な費用が計上されることもある。したがって、背反事項の検討は十分なされなければならない。

こうした検討により背反事項もすべて解消された標準ができあがる。この標準を適切に実施することで、問題が解決された状態、すなわちお客様の満足を獲得し続ける状態が維持される。新設または変更された標準は、その時点でのベストプラクティスとなるのである。

標準化のもう一つの意義は、「標準なくして改善なし」という言葉に示されている。前著『"質創造"マネジメント』でも述べたように、マネジメントの概念が初めて示されたのは、米国のテイラー（F. W. Taylor、1856 ～ 1915）の科学的管理法によるといわれている。テイラー以前の作業の現場は、いわゆる職人の世界で、日々の生産はすべて現場に任されていた。テイラーはこうした作業の現場に、標準の概念を初めて持ち込んだ。作業の標準化を図ることで、生産が安定し、生産量が増し、利益も増大したため、テイラーの考え方は急速に普及・浸透していった。標準の概念の確立により、その後の改善が一気に進

み、まさに大量生産による工業化時代の幕が開いたのである。

　標準はマネジメント、すなわち問題解決・改善の起点であり、極めて重要な意味をもつ。しかもこれは、あらゆる業種業態や職種に共通なものである。標準というと、どうしても堅いイメージがあり、なかなか馴染めない言葉ではあるが、企業・組織にとっては、お客様のニーズに応え続けていくために欠かせない重要なものなのである。

■ 3.2.8　まとめ

　問題解決の見方・考え方として7つの項目を抽出して、その解説を試みた。紹介したものは、どの分野にも、どのような問題にも適用できるものである。問題解決はすべてお客様のためである。そのため、お客様の要求・期待に応える価値を生み出すことができる状態が目指す姿となる。その一方で、現状の姿があり、両者のギャップが認識できたところから問題解決は始まる。このように問題を捉えると、「課題と問題は本質的に同じである」といえる。一般的に問題解決は、「基準となる状態のレベルに到達していないため、まずは基準の状態までレベルアップすること」としている。しかし、設定した基準はあくまでも価値を提供する側が便宜的に定めたものである。その基準がお客様のニーズを満たすものであれば、問題解決による不都合は生じないが、お客様のニーズはいつも同じとは限らない。時間の経過とともに、環境の変化もあって、お客様のニーズは変化していく。したがって、価値を提供する側が自分たちの都合で便宜的に定めた基準であっても、その都度見直さなければならない。ここではお客様自身も気づいていないような潜在ニーズも考慮する必要がある。潜在ニーズを把握する方法は、すでに世の中にいくつか紹介されているが、最近よく耳にする IoT や AI などの活用も大いに期待される。しかし、情報技術がどのように進化しても、現地現物という考え方の重要性は変わらない。お客様が存在して、生活や仕事を実際に行っている場面、シーンが必ずそこにあるからである。

3.3 問題解決ステップ

前節では、問題を解決する際に基本となるものの見方・考え方を7つ紹介した。これらにもとづいて問題解決に取り組む前に、それらの見方・考え方を実践するための、「論理性と合理性」を担保する方法論が必要となる。このとき、科学的に検証できなければならないし、多くの関係者からの納得が得られなければならない。こうした条件をすべて兼ね備えたよりよい解決方法を見い出すために、日本が生んだ強力な道具がある。それが「問題解決ステップ」である。いわゆる「QCストーリー」とよばれているもので、そこには問題をより効果的・効率的に解決するための手順と考え方が凝縮されている。問題解決ステップに関する解説書は数多く出版されていて、本によって表現が微妙に異なっているところもあるが、概ね図3.3のように表されている。

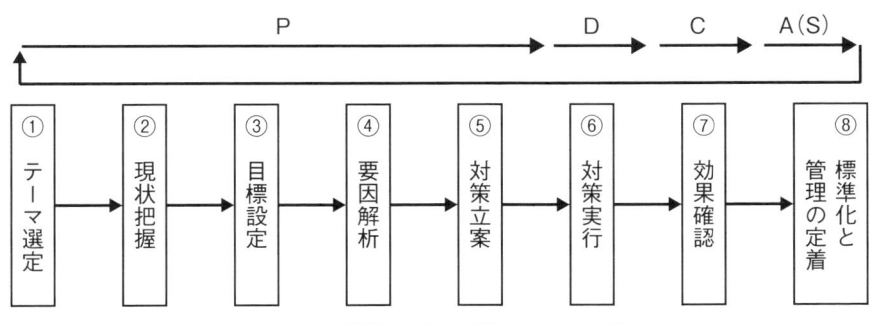

図 3.3　問題解決ステップ（QC ストーリー）

それぞれのステップについて、**3.2節**で示した問題解決の見方・考え方との関係性を中心に、マネジメントの観点から解説を試みる。なお、問題解決ステップについては、前著『"質創造"マネジメント』でも述べているので、内容が重複しているところが多々あることをあらかじめお断りしておく。

■ 3.3.1　テーマ選定

　「何を解決すべきか」は、現状の必要性からずばり決めることになる。決め事であるから、当然、主観が入って然るべきである。重要性や優先順位、拡大傾向にあるかどうか、影響の大きさなど、さまざまな観点から判断する。しかし、できることは限られるため、「どのテーマを選択するのか」を決めることが経営者・管理者の重要な役割となる。

　経営では、長期ビジョンなどにもとづいた中長期の経営計画が策定される。これも広い意味でのテーマ選定といえる。国際情勢や社会動向などの取り巻く環境の変化を踏まえ、SWOT分析、ベンチマーキングなどの手法を活用して、自組織・自社の現状の姿と目指す姿を明確にすることで、取り組むべきテーマが絞り込まれていく。具体的な解決すべき問題の特定にまでは至らなくても、お客様第一に則り、お客様の声を直接聞いてくる現地現物は、ここでも重要な考え方となる。一方で経営者には、「業績が低迷している」「人材が育っていない」「クレームが多い」など、多くの悩みがある。どこから手を打っていくのか。これもまさに戦略論である。

　管理者の場合は、会社方針や上位レベルの方針にもとづいた事項がその対象となる。いわゆる方針展開における重点課題と目標およびその方策が、自組織の方針、すなわち取り組むべきテーマとなる。また、「成果が出ない」「やり直しが多い」「人間関係が悪い」など、職場マネジメントに関するテーマも多くなる。

　同様にスタッフについても、自組織の重点課題と目標およびその方策から、一人ひとりのテーマ(重点テーマ)、もしくは小集団改善活動のテーマが決定されることになる。一方、日頃の困り事や、いま直面している問題もある。こうしたなかから「どのテーマに取り組むのか」を、管理者と相談して決める必要がある。

　QCサークル活動の場合、自分たちの成長が実感できるようなテーマに取り組む必要がある。難しいテーマだと自分たちだけで解決することが困難となり、達成感が味わえないからである。しかし、反対にやさしすぎても満足感は

得られない。したがって、今の実力に応じたテーマ選定が求められる。QC
サークル活動には、改善活動を通して、人材育成と明るい職場づくりにつなが
る活動が期待されている。

　テーマ選定は、経営者から第一線のメンバーまで、すべての階層において、
今後の成長を左右する重要なステップであるといえる。限られたリソースを
有効活用するためにも、重点指向の考え方にもとづいたテーマ選定が求められ
ているのである。

■ 3.3.2　現状把握

　現状把握は極めて重要なステップであるにもかかわらず、ほとんどの場合、
十分にできていない。問題が正しく認識されないまま対策の実施策がとられて
しまうため、効果的な対策が打てず、問題が解決されないことが多いのであ
る。

　現状把握では、現状の姿を客観的かつ定量的に認識しなければならない。こ
れができないと、人による認識の差が出て、問題の評価にばらつきが発生して
しまう。「Aさんにとっては大きな問題も、Bさんは問題だと思わない」「社長
が問題だと騒いでも誰も動かない」「第一線のメンバーが大きな問題を発見し
たのに、社長が何も手を打たず、会社が倒産した」などということも起こりう
る。では、どうすればよいのか。

　ここで最も重視されるのは、現地現物である。お客様の声を直接聞いて、
「ニーズを満たすことができているのか」「足らないところはどこなのか」と
いった事実をデータで集めてくることが何よりも求められる。この際に有効と
なるツールが、「QC 七つ道具」に代表される QC 手法で、現状の姿を見える
化するためのツールである。

　「QC 七つ道具」とは何か。2011 年 10 月に制定された日本品質管理学会規格
「品質管理用語　JSQC-Std 00-001：2011」の 17.1 項にある「QC 七つ道具」の
解説によれば「品質管理を進めるうえで、基礎になるデータのまとめ方に関す
るツールの集合」であり、注記 1 として「通常パレート図、特性要因図、ヒス

トグラム、グラフ／管理図、チェックシート、散布図、層別のことをいう」と記されている。つまり、ポイントは「データのまとめ方」にあるといえる。

　われわれの周りには数多くのデータがあるが、それらの「ばらつき」「変化」は必ずしも目に見えない。「QC七つ道具」は、それらをわかりやすく表して、教えてくれるツールなので、それらを活用することで、関係者全員が「ばらつき」「変化」の実態を定量的に把握して共有することができるのである。

　品質管理とは「ばらつき」「変化」との戦いである。丸腰では戦えない。「ばらつき」「変化」を打ち負かすための道具が必要になる。その最も強力な道具が「QC七つ道具」である。石川馨先生は「私のこれまでの経験では、企業内の問題の九十五パーセントまでは、この七つ道具の活用で解決できる」と述べている（『日本的品質管理』（日科技連出版社、1981年）。これは、「問題を特定して関係者で共有できれば、その95％は比較的容易に解決できるものだ」とも言い換えることができる。

　そのためには、関係者全員が「QC七つ道具」の正しい使い方を勉強して、上手に使いこなしていくことが求められる。近年、パソコンの普及により、グラフやパレート図などが簡単に作成できるようになった。しかし、原点のとり方や横軸・縦軸の設定の仕方などがまちまちで、必ずしも的確な表し方になっていないケースが散見される。現地現物で集めたデータにもとづき、QC七つ道具を正しく使い、事実をわかりやすく誰にでも正確に伝わるように表さなくてはならないのである。QC七つ道具のそれぞれの手法は次節で解説する。

　QC七つ道具は、主に数値で表されるデータを扱うツールであるが、データは必ずしも数値だけではない。アンケートによる自由意見やコールセンターに届くお客様の声など、言葉のデータ（言語データ）も数多く存在している。言語データに関するまとめ方としては、親和図法、連関図法、系統図法などがあり、新QC七つ道具とよばれる。いずれも言語データを図形化・視覚化して整理する手法で、現状の姿を表すことができるツールである。これらについても次節で解説する。

　現状把握に役立つツールには、計画した業務とその日程、担当部署（者）など

を一覧に示した表がある。最も一般的なものは、業務計画表であろう。大日程計画表、小日程計画表、工程表などともよばれている。

さらに、あらかじめ、お客様のニーズを満たすアウトプットを生み出すためのプロセスを明確にしておくことも重要となる。アウトプットの質は常に確保されていなければならず、そのため、プロセスの節目節目でのチェックが求められる。このように、プロセスの観点からも実態がどうなっているのかについて現状の姿を浮き彫りにしていく必要がある。この考え方がプロセス重視である。

以上のように、現状の把握では、現地現物により、「現場の実態がどのようになっているのか」を、そのプロセスも含めて把握することが重要となる。そのうえで、「4 M(Man(Member)、Machine、Method、Material)とお客様の評価尺度(モノサシ)にどのようなばらつき・変化が生じているのか」を、データから明らかにすることが有効となる。

アウトプットを生み出して、それらを顧客に提供している現場では、人のコントロールが及ばない偶然原因によるばらつきが存在している。このばらつきを前提として、人がコントロールできる異常原因を見い出すことで、アウトプットの質が担保できる。この際、扱うデータが数値データ(測定できる値)のときは、統計の基礎が役に立つ。偶然原因によるばらつきは正規分布(**3.4 節**)に従うため、「プロセスが安定しているのか、不安定な状況にあるのか」を定量的に表すことができる。これも、現状把握の極めて重要な方法といえる。

■ 3.3.3　目標設定

目標設定とは、目指す姿の明確化と共有である。目指す姿はお客様の声(ニーズ)であるため、お客様第一で決定されなければならない。

通常、目標は概ね次の3つに分類される。

① あらかじめ定められた規格や基準などを満足している状態

② お客様・後工程の期待に応えるために、現状よりも高いレベルの状態

③ 今までにない、お客様・後工程の期待を超える価値を生み出している

　　　　状態

　ここで、もともとある規格や基準に対して適合できるように設定されていた
ものが、何らかの影響により不適合となったことで、もう一度適合させる必要
が生じたとき、①が目標となる。上記の区分は、①問題解決型、②課題達成
型、③理想追求型、などと表現されることもあるが、本書では、すべて問題解
決として扱う。「現状の姿と目指す姿のギャップ」を埋めることが問題解決で
あり、上記①～③の区分は、目指す姿の状態の差を表していると見なせるた
め、すべて問題解決に含まれる。

　目標設定は、「何を、いつまでに、どのようにするのか」を宣言するステッ
プでもある。一見、明快なようだが、実際はそれほど簡単ではない。特に、
「いつまでに」が欠落しているケースをよく目にする。問題解決に取り組む場
合、その期間はどんなに長くても半年程度であり、そこでなにがしかの成果が
求められる。これ以上の期間となると、環境変化などで実施事項が陳腐化して
しまう恐れがある。また、半年経っても何も変わらず先が見えないようでは、
やっている人の士気にも影響する。したがって、完璧な解決には至らなくて
も、マイルストーンを置いて取組みの経過が見えるようにしておく必要がある
のだが、前述した理由により、「いつまでに」を明確に記載することが難しく
なっている。しかし、目標設定では、必要性から適切な目標を設定することが
望まれる。なぜなら、それはお客様の声を意味しているからである。したがっ
て、実行計画を策定するなかで段階的な目標を設定することが重要となる。

　また、現状の姿と目指す姿が明確になれば、選定したテーマにおいて、問題
があるところのギャップを具体的な特性値に置き換えて表すことができるよう
になる。これにより、QC七つ道具などを活用して問題を定量的に表すことが
できるようになるのである。

■ 3.3.4　要因解析

　要因解析こそが問題解決の正念場といえる。現状把握と同様、要因解析が十
分できていないケースが多く見られる。

　要因解析の場面でも、特性要因図(魚の骨)などの QC 七つ道具の活用が求められる。さらに、現地現物で「なぜなぜ」を繰り返し、真の原因(真因)に到達しなければならない。これが真因追究である。真因追究については **3.2.5 項**にその考え方を記載したので、ここでは「なぜ」を繰り返すことの意味について補足する。

　よく「5 回のなぜ」といわれるが、これは、1 〜 2 回の「なぜ」では真因に迫れないことを意味する。前著『"質創造"マネジメント』でも紹介したが、「5 回のなぜ」の原点は、トヨタ生産方式の生みの親である大野耐一氏が、その著書『トヨタ生産方式』のなかで次のように述べていることに由来する。

　「一つの事象に対して、五回の「なぜ」をぶつけてみたことはあるだろうか。言うはやさしいが、行なうはむずかしいことである。…(中略)…五回の「なぜ」を自問自答することによって、ものごとの因果関係とか、その裏にひそむ本当の原因を突きとめることができる。」

　この著書のなかに、「なぜ機械が止まったのか」から、「なぜ」を繰り返した事例が掲載されている(**表3.2**)。5 回目の「なぜ」の答えとして「ストレーナー(濾過器)がついていないから」が導き出されている。「なぜ」を 5 回繰り返す

表 3.2　"5 回のなぜ"の例

問題：機械が動かなくなった。	
なぜ1	オーバーロードがかかって、ヒューズが切れたからだ。
なぜ2	軸受部の潤滑が十分でないからだ。
なぜ3	潤滑ポンプが十分くみあげていないからだ。
なぜ4	ポンプの軸が磨耗してガタガタになっているからだ。
なぜ5	ストレーナー(濾過器)が付いていないので、切粉が入ったからだ。
対策：ストレーナーを取り付ける。⇒　これで切粉による再発は防げた。	

(出典)　『トヨタ生産方式』(大野耐一、ダイヤモンド社、1978 年)より筆者作成。

ことで真因にたどり着くことができ、再発を防ぐことができたのである。

　さらに、大野氏は「五回の「なぜ」を繰り返す…(中略)…これはトヨタ式の科学的態度の基本をなしている」とも述べている。「5回のなぜ」は、現地現物で仮説検証を繰り返すことで真因にたどり着くためのアプローチ・方法論なのである。

　いかなる場合でも、「事実」が一番重視されなければならない。「事実」は自分の目で直接確認しなければならないが、必ずしもすべて確認できるわけではない。例えば、「複数の要因が影響していて特にそれらの要因間に関係性がある場合」「化学反応などの現象を直接見ることができない場合」「感性の問題など定量化が困難な場合」など、さまざまなケースが考えられる。このような場合、現地現物による事実確認と合わせて、SQC(統計的品質管理)を用いた解析結果も活用して総合的に判断する必要がある。SQC は、こうした仮説検証を繰り返すための一つのツールと位置づけることができる。あくまでも仮説を立てることが最初であり、そのうえでデータをとる。解析結果も重要だが、事実の確認がすべてに優先されなければならない。

　「仮説・検証」「SQC」などの言葉が並ぶと、「自分とは関係のない世界だ」と思われる読者も多いのではないだろうか。そこで、もう一つ事務部門の事例として、『図解　するどい「質問力」！』(谷原誠、三笠書房、2012 年)を参考に作成した「5回のなぜ」表3.3 に示す。ここでも「なぜ」を5回繰り返すことで真因にたどり着いている。

　上記2つの例からも、日常の場面ではほとんどの場合、"なぜ"は1～2回で止まっているものと思われる。ヒューズが切れたなら、ヒューズを交換することでよしとしたり、せいぜいポンプの修理が行われるだけであろう。床のごみなどは、上司が「ゴミが落ちているぞ、ゴミ箱に入れておけ」の一言で終わってしまうであろう。しかし、事の重大性は別にして、真因に辿り着かないままに処置をしても、それはあくまでも応急処置であり、現状復帰ができるに過ぎない。したがって、いずれまた同じ事象が生じてしまうことは明らかである。

表 3.3 "5 回のなぜ"の例（事務所の例）

問題：A君の席の近くの床にゴミが落ちている。		
なぜ1	なぜここにゴミが落ちているのか。	申し訳ありません。それは私がゴミ箱に捨てたはずの書類です。
なぜ2	なぜA君はその書類を捨てたのか。	終わった仕事だからです。
なぜ3	なぜ終わった仕事の書類をとっておかず、捨てたのか。	念のためにとっておいたコピーだからです。
なぜ4	なぜ念のためにコピーをとろうとしたのか。	なくすと不安だったからです。
なぜ5	なぜなくすと思うのか。	書類の保管が上手でないからです。
対策：むしろ書類の保管をきちんとすれば、コピーを取る必要はないのではないか。⇒ こうすれば、書類の保管方法に改善が進むので、具体的対策ができ、標準化につながる。		

(出典) 『図解　するどい「質問力」！』（谷原誠、三笠書房、2012 年）より筆者作成。

　機械の例では、ヒューズを交換しても、ポンプを修理しても、潤滑油に切粉が混入している限り、ポンプの軸の摩耗は発生する。そのため、機械はいずれまた動かなくなる。同様にゴミの例でも、この事務所の床には、再び丸めた書類が落ちていることになろう。このように、ほとんどの場合、応急処置だけでは再発を防止することができない。再発防止がいかに大変なことなのかが、少しでもわかってもらえただろうか。

　要因解析は問題解決のなかでも極めて重要なステップであるにもかかわらず、十分な検討ができないケースが多く、再発する問題が絶えない。問題は至るところで絶え間なく発生している。これらに的確に対処して再発防止を図っていくためには、あらゆる組織、職種、階層において、問題解決の基本の理解と実践での訓練が必要である。

　要因解析では、もう一つ重要なことがある。繰返しになるが、この段階では制約条件を考慮することは避けたほうがよい。制約条件が念頭にあると、どうしても対策が実現可能と思われる要因だけになってしまう。特に、関係者や上

司の理解が必要となる要因については、「説明しても協力はしてくれないだろう」と、当事者が勝手に思い込んでしまうケースが多くある。しかし、真因と特定されたものであれば、関係者や上司の理解も得られ、対策の実行に協力してもらえることのほうが多い。

　要因解析の段階では、あくまでも真因の追究に徹すべきである。関係者の多くの知恵を集めて、あらゆる可能性を否定せずに、不都合な事実にも目を背けず、徹底して真因を追究して欲しい。こうした行動が、すべてお客様の満足につながっていくのである。

■ 3.3.5　対策立案

　要因解析で真因にたどり着くことができれば、次は対策案の検討である。真因といっても、関係者による要因解析の結果、最も真因だと思われるものを抽出したにすぎない。そこで、仮説を立てて、抽出した要因が確かに真因であることを検証しなければならないのである。対策立案のステップでは、仮説を立案し（対策案を策定し）、検証のための実施計画を定める。真因は一つとは限らないため、対策案も複数出てくることが一般的である。

　対策案とその実施計画ができれば後は実行あるのみである。しかし、やみくもに実行しても成果にはつながらない。多くの対策案が出てきて、それをすべて一時に実行しようとしてしまうケースが多く見られる。要因解析では、要因効果を定量的に把握することもできるので、最も効果的と思われる対策案から実行に移すべきである。これが、限られた時間やマンパワーを最大限有効活用できるようにするためのポイントである。重点指向で何から実行するのか、意思決定の重要性がここにある。

　また、計画を立案することなく、できることから実施していくケースが散見される。そこには、多くの関係者が存在するはずであるから、これから取り組む内容について「誰が（Who）」「いつまでに（When）」「どこで（Where）」「何を（What）」「どのように（How）、実施するのか」「それはなぜ（Why）実施しなければならないのか」を明確にしたうえで文書化し、共有しておくことが重要

なポイントとなる。なぜなら、関係者の納得と協力がなければ何事も進まないからである。問題解決がなかなかうまくいかないケースでは、関係者への理解活動が不足していることが多い。事前に関係者や関係組織への理解を求める活動、いわゆる、日本的な根回しが必要となるのである。

以上、**3.3.1 項**のテーマ選定から、**3.3.5 項**の対策立案のステップまでが、PDCA サイクルのP（計画）となる。問題解決の中間点として、ここまでの検討内容をＡ３用紙１枚にまとめて置くことが望まれる。これにより「何が問題で、なぜその対策案を実施しなければならないのか」が一目瞭然となり、関係者の理解も得やすくなる。Ａ３用紙１枚というと、問題が解決した際の最終まとめと思われがちだが、中間の段階でも問題を解決するために極めて有効なツールとなる。上手に使い分けて問題解決に役立てて欲しい。

■ 3.3.6 対策実行

前述のとおり、**3.3.5 項**の対策立案まで実施して、ようやく PDCA サイクルのP（計画）ができたことになる。このように数多くのステップがあるため、Pには多大な労力と時間を要する。ここまでで疲れ切ってしまうこともあるが、どんな立派な計画を立案しても、それが実行されなければまったく意味がない。計画どおり対策案を実行することで、はじめて導き出した仮説が検証できるのである。

対策実行のプロセスは、あくまでも仮説を検証するためのプロセスである。しかし、「対策案を実行して、よい結果が得られた」といって、そのまま継続して、対策案を採用してしまうことがある。これは一見当然のようだが、極めてリスクが大きい。ある生産の現場では、生産性向上のため、設備のレイアウト変更が対策案として提案された。実際にレイアウト変更して実施してみたところ、生産性は当初の目論見どおり向上した。そこで、レイアウトを元に戻さず、そのまま継続したところ、しばらくして現場の作業員から、作業性の悪化が指摘され、ついに「今後も継続して作業を続けることは困難」との現場の判断が下り、レイアウトは元の状態に戻されてしまった。このように対策案には

多かれ少なかれ背反事項がつきまとう。このことも対策立案段階で評価項目に入れておく必要がある。対策実行では、対策案の背反事項も含めた評価ができるような計画にもとづいて実行し、そのことを関係者がしっかり認識しておかなければならない。

■ 3.3.7　効果確認

効果確認では、「実施した対策内容により、どの程度効果が出たのか」を評価する。「狙いに対して、それ以上だった（◎）」「ほぼ狙いどおりだった（○）」「少しは効果が認められたが狙いまでは届かなかった（△）」「まったく効果が出なかった（×）」といった評価基準が一般的である。ここで注意すべきことは、結果に対する評価ではなく、あくまでも対策内容に対する効果の評価でなければならない。これにより仮説の妥当性が検証できるのである。

対策の実施と効果の確認については、次の4つのパターンが考えられる。

①　対策はほとんど実施し、期待どおりの効果も得られ、目標を達成できた。

②　対策はほとんど実施したが、効果は得られず、目標も達成できなかった。

③　対策はほとんど実施せず、効果の確認もなかったが、目標は達成した。

④　対策はほとんど実施せず、効果の確認もなく、目標も達成できなかった。

①と④については妥当な結果だが、②と③は「どうしてそうなったのか」について確実に検証しなければならない。②では、「要因解析が的確でなかった」「環境が変化して対策内容が不適であった」などが考えられ、結果は出ずとも努力は評価されるべきである。また、次の PDCA サイクルに向けて、スパイラルアップしていくことが期待できる。最も良くないのが③である。自力ではなく、他力で結果が出たからである。一時的には良いかもしれないが、すぐに元に戻るか、さらに悪化する可能性さえある。結果オーライの考え方が定着

し、努力が評価される機会もなく、対策内容に対する評価もできない。したがって、常に①のパターンを目指して努力しなければならない。

■ 3.3.8　標準化と管理の定着

効果の出た対策内容を標準化して、その後の取組みに反映し、それを、徹底させていくことで、同じ問題の再発を防ぐことができる。標準が絶えず見直されていれば、最も上手なやり方を誰でもどこでも実践できるようになる。

標準に対して、「すぐに陳腐化してしまうからつくっても意味がない」「工数が多くかかるため後回しになってしまう」「優先順位が低くなる」などの声がよく聞かれる。確かに表面的にはそうかもしれないが、標準不在の裏で多くの失敗ややり直しが発生している事実にも目を向けなければならない。少しの手間を惜しんだために、莫大な事後処理の手間をかけていることになっていないか。もう一度、現場をよく見るべきである。

■ 3.3.9　まとめ

ここまで、問題解決のそれぞれのステップについて、問題解決の見方・考え方との関係を含めて解説してきたが、本項では、PDCA サイクル(**図 3.4**)との関係に着目しながら解説する。

問題解決ステップにおいて、**図 3.3** の①テーマ選定から⑤対策立案までが、PDCA の P (Plan)の部分に相当する。以下、**図 3.3** において⑥対策実行が D (Do)、⑦効果確認が C (Check)、⑧標準化と管理の定着が A (Act)にそれぞれ対応している。このことは、PDCA サイクルを回すことが問題解決の実践そのものであることを示している。デミング博士のサイクルからスタートした管理のサイクルは、PDCA サイクルにたどり着いたことで、経営の問題からあらゆる組織に潜むあらゆる問題の解決に役立つ道具・考え方となった。こうして、問題解決ステップは問題解決の方法論として確立されたのである。

繰り返し同じ作業を行う場合を除いて、仕事の基本は「計画(Plan)を立て、それに従って実施(Do)し、その結果を評価(Check)し、必要に応じて修正す

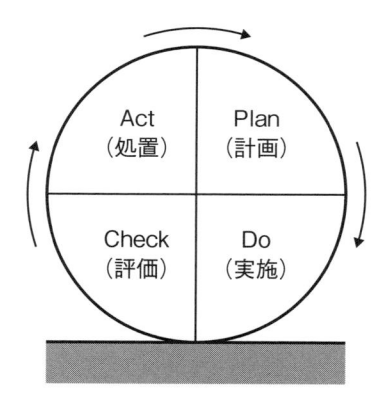

図 3.4　PDCA サイクル（仕事の基本）

る処置（Act）をとる」である。これは、PDCA サイクルそのものである（**図3.4**）。

　多くの仕事は、PDCA サイクルにもとづいて遂行される。仕事とは問題を解決することそのものなので、PDCAサイクルは仕事の基本であるとともに、マネジメントの基本とも位置づけられる。

　PDCA サイクルを回すことで、新たな価値が生まれる。これが「改善」である。今までのやり方を変えることで、今までにないアウトプットを生み出すことができ、その結果、お客様（後工程を含む）からはよい評価が得られ、満足度も向上する。仕事をするとは、新たな価値を生むこと、改善をすることである。裏を返せば、新たな価値を生まなければ仕事（改善）をしたとはいえないのである。

　問題解決ステップにはもう一つ重要なポイントがある。それは**図3.3**のPDCA サイクルが示すように、「P（計画）の果たす役割が極めて大きく、重要である」という点である。P（Plan）には、①テーマ選定、②現状把握、③目標設定、④要因解析、⑤対策立案、までのすべてが含まれる。特に、②現状把握と④要因解析は、問題解決において極めて重要なステップである。問題が解決できないケースを見てみると、ほとんどの場合、②現状把握、④要因解析がう

まくできていない。これは、経営レベルの問題から第一線の現場の問題まで、あらゆるケースについて当てはまる。

　P（Plan）、すなわち計画のでき映えによって、「問題が解決できるかどうか」が、ある程度決まってしまう。十分な検討がなされず、思いつきで出てきたような対策を実施しても効果は出ない。むしろ、事態を悪化させてしまう恐れすらある。

　図3.5は、Pの充実度合いと問題解決が完了するまでの工数の関係を模式的に表したものである。

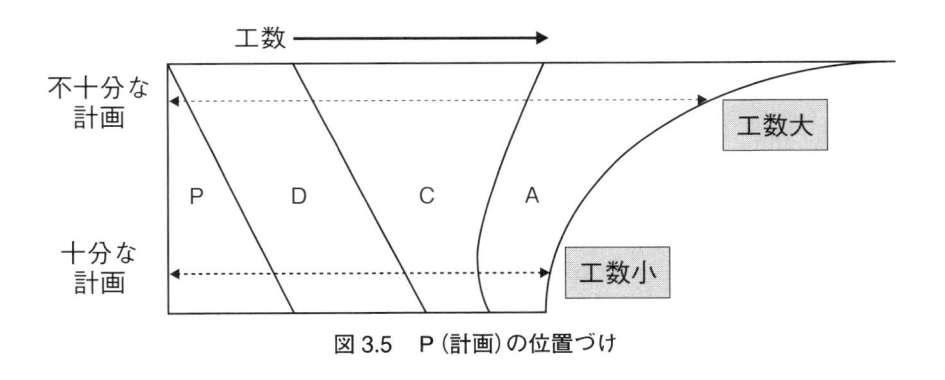

図 3.5　P（計画）の位置づけ

　図3.5はP（計画）をしっかり立ててD（実施）すれば、C（評価）・A（処置）の時間が短くなり、効率的な業務遂行ができることを示している。反対に、P（計画）が不十分な場合は、やり直しが発生し、結果的に膨大な工数がかかる。

3.4　問題解決ツール

　3要素の3つ目として問題解決に有効なツール（道具）を解説しよう。

　問題解決の各ステップにおいて、活用できるツール（道具）は数多くある。QC七つ道具（3.3.2項）が最もポピュラーなのだが、品質管理の世界では一般的でも、その外部では、まったく理解も浸透もなされていないことに気付かされ

る。問題解決が世間一般に浸透しなかった大きな原因がここにもある。

　前述のとおり、QC七つ道具の多くの手法は、大学の先生方が、企業の主に製造現場において不具合対策の指導をするなかから、自然発生的に生まれてきたものといわれている。1960年代に誕生したQC七つ道具(Q7)は、日本の高度経済成長に大きな役割を担ったことは疑う余地がない。製造現場を中心に普及・浸透し、現場の問題解決を促進したことで日本製品の品質は格段によくなった。その結果、日本の国際競争力は高まり、先進国の一員となることができたのである。

　一方、1985年のプラザ合意、その後のバブル崩壊などを経て、日本の競争力は大幅に落ち込むことになる。もはや「製造現場だけが問題解決をすればよい」という時代ではなくなったのである。したがって、製造業はもちろんのこと、サービス、金融、病院、学校、官公庁などのあらゆる業種、また、あらゆる職種において問題解決を図っていく必要がある。しかし、こうなると、「QC七つ道具だけで事が足りるのか」という疑問が生じる。

　品質管理界では、こうしたニーズに応えるべく、1970年代に、問題解決のための新たなツールとして新QC七つ道具(N7)をまとめ上げた。その目的は、言語データの整理、発想の獲得、計画の充実、抜け落ちの防止など、多岐にわたる。これは、それぞれが抱えている問題も多岐にわたっていることを物語っている。反面、多様なツール(道具)を一つの入れ物に収めたことで、その全体像が見えにくくなったようにも思える。しかも、QCという文字があることで、「製造業関係のツールではないのか」という誤解が、開発から数十年経った今でも残っている。これと同じことは、QC七つ道具についてもいえよう。

　問題が多様化し、それに伴って解決のために必要なツールも多岐にわたるようになり、しかも新たなツール(道具・手法)が続々開発・展開されていくなかで、すべてを理解することは品質管理の専門家でない限り困難である。問題に直面している人たちにとっては、必要とするツールを理解して活用できればよいのである。そこで、問題解決の各ステップで活用することが望まれるツールを、使用目的別に整理してみることにした。あくまでも筆者の経験にもとづい

て分類したものであり、まだまだ荒削りではあるが、「新たな方向性を示すことに意義がある」という考え方にもとづいてここに紹介することにする。

　問題解決ステップのそれぞれのフェーズで活用されるツールを整理すると表3.4のようになる。このように分類することで、それぞれのツールの使用目的や位置づけなどがより明確になる。表3.4中では数字の入った記号のある項目を3.4.1項以降で解説している。

表 3.4　問題解決ツール

目的	用途	主なツール	問題解決ステップ
現状の実態把握（見える化）（3.4.1 項）	(1)　特性値が数値データの場合：ばらつき・変化の見える化	①　基本統計量(平均値、標準偏差) ②　ヒストグラム ③　グラフ ④　パレート図 ⑤　管理図	テーマ選定 現状把握 目標設定
	(2)　特性値が言語データの場合：ばらつき・変化の見える化	①　親和図法(KJ 法) ②　連関図法 ○　アンケート解析	
要因の抽出（3.4.2 項）	(1)　プロセスの見える化	①　プロセス(業務)フロー図 ②　PDPC 法 ③　業務計画表 ○　アローダイヤグラム法（PERT）	現状把握 要因解析
	(2)　要因の洗出し	①　特性要因図 ②　SWOT 分析	現状把握 要因解析
	(3)　真因の追究	①　なぜなぜ(5 なぜ)分析 ○　系統図法	要因解析
仮説検証	仮説の立案とその検証	○　検定・推定 ○　実験計画法 ○　品質工学	対策立案 対策実行 効果確認

■ 3.4.1　現状の実態把握（見える化）

　問題解決の最初のステップはテーマ選定であるが、ここでは現状の姿をある程度客観的に把握できていることが前提となる。あらかじめ顧客や世の中の動向（ばらつき・変化）について、事実をデータで明らかにしておく必要がある。また、現状把握では「現時点で顧客に提供している価値が、どのレベルにあるのか」を明確にしておかなければならない。ばらつき・変化の発生傾向を層別して把握することで、問題の絞り込みが可能となる。目標設定は顧客のニーズから自ずと決まるため、現状とのギャップを特性値（質を表す値）によって表すことが可能となる。

　特性値を用いて現状の姿を明らかにする、すなわち見える化するためのツールについては、特性値が数値データの場合と言語データの場合に分けて、以下に紹介する。

(1)　特性値が数値データの場合：ばらつき・変化の見える化

① 基本統計量（平均値、標準偏差）

　特性値が数値データ、特に計量値（測ることができるデータ）の場合は、基本統計量（平均値、標準偏差）の算出が重要となる。今では電卓や Excel などで簡単に算出できる時代になったが、「平均値と標準偏差がどのような意味をもっているのか」について理解しておくことの意義は大きい。ここでは、具体的なデータにもとづいて算出方法も含めて解説する。

　ある大学の教室で男子3年生30人を無作為に選び、それぞれの身長を測定した結果、以下のとおりであった（単位：cm）。

　　173, 181, 165, 170, 164, 174, 171, 171, 164, 170, 174, 172, 170, 167, 176
　　181, 185, 180, 170, 165, 180, 165, 176, 170, 165, 173, 167, 173, 169, 168
　　（データ数を n で表すと、$n=30$ となる）

　このデータから基本統計量を算出する。ここからいくつかの数式が登場するが、極力わかりやすく解説したつもりである。苦手な方もいるとは思うが、定量的な分析には必要となるので、しばらくの間、辛抱してほしい。

　まず、測定した個々のデータを x_i で表す。ここで x は身長を表す値（変数）であり、x の横にある文字 i は測定したデータの順番を意味する。したがって、x_i は i 番目に測定した身長の値を表すことになる。上記の測定結果からは、以下のとおりとなる。

$$x_1 = 173, \quad x_2 = 181, \quad \cdots, \quad x_{30} = 168$$

　ここで平均値を $\bar{x}$（エックスバーとよぶ）で表すと、平均値はすべてのデータを足した値（総和）をデータ数 n（この場合は 30）で割った値であるため、式で表すと以下のようになる。

$$\bar{x} = \frac{\sum_{i=1}^{n} x_i}{n} = \frac{x_1 + x_2 + \cdots + x_{30}}{30} = \frac{173 + 181 + \cdots + 168}{30}$$

$$= \frac{5149}{30} = 171.6 \, (\mathrm{cm})$$

　記号の $\sum_{i=1}^{n}$ はシグマとよび、x_i（i は 1 から n（$=30$）まで）の値を順番に足した値であることを表している。

　図 3.6 は、縦軸に身長をとり、横軸に測定データを順番にプロットし、それぞれの値と平均値の差を示したものである。

　このとき、各値から平均値を引いた値を偏差とよび、i 番目のデータの偏差を δ_i と表して「デルタ　アイ」とよぶ。このとき、

$$\delta_i = x_i - \bar{x} \quad (i = 1, 30)$$

となり、測定値が平均値より大きい場合は正（プラス）の値を、小さい場合は負（マイナス）の値となる。したがって、偏差の値をすべて足した値（総和）はゼロとなる。また、平均値は、偏差の総和がゼロとなるように定めた値のことである。全体のばらつきがあるなかで、その中心に位置する値が平均値である。

　次に、ばらつきの大きさを定量的に表す値としてよく用いられる標準偏差の求め方と意味を解説する。

　まず、偏差平方和 S（ラージエス）を求める。これは、図 3.6 で示した δ（偏差）の値をそれぞれ二乗したものの総和であり、式で示すと以下のようになる。偏差の二乗を変動とよぶ。

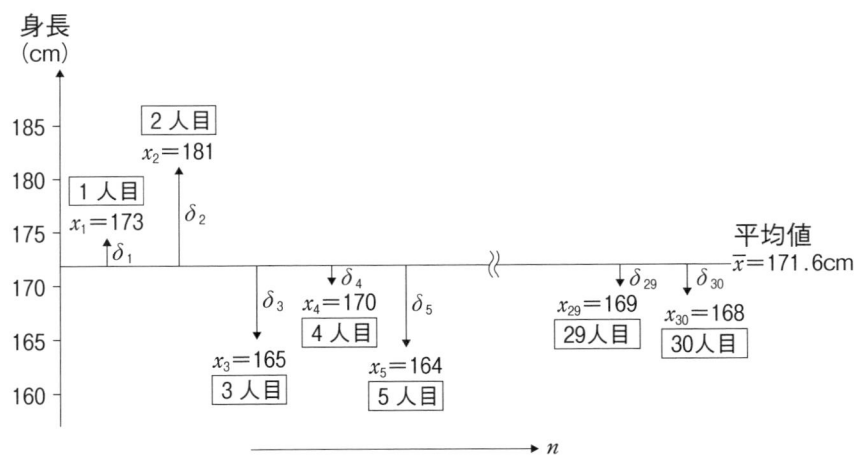

図 3.6　個々の値と平均値との差（偏差）

$$S = \sum_{i=1}^{n} \delta_i^2 = \sum_{i=1}^{n} (x_i - \bar{x})^2$$

偏差平方和 S は平均値からの偏差の二乗（変動）の総和であるので、それぞれの偏差の絶対値（平均値までの距離）の値が大きいほど、S の値も大きくなる。平均値までの距離が大きいということは、それだけばらつきがあると見なせる。したがって、偏差平方和 S が大きな値ほど、ばらつきが大きいといえる。

このように、偏差平方和 S はばらつきの大きさを表す値となりうることがわかる。しかし、ばらつきの大きさの比較をする際に、測定数が同じときは偏差平方和で比較できるが、実際は異なる場合がほとんどである。そのため、偏差平方和による比較は必ずしも適当ではない。そこで、個々の変動の標準的な値（平均値に相当）を算出することが有効となる。変動の総和が S であるから、S を測定データ数の n で割ればよいことになるが、それほど単純ではない。

個々の測定データ、x_1, x_2, …, x_{30} の値は、測定するまで不明である。こうした性質をもつ変数を確率変数という。工場で生産される部品の寸法は、つくってみるまでその真の値は定かでない。実際につくって測ってみることで、はじめてその寸法がどの値を示すのかがわかる。ばらつきが存在しているとい

うことは、実に厄介である。前述した身長の例では、29人目まで測定しても30人目の身長は測ってみないとわからない。これは、人知を超えた神のみぞ知る世界ともいえる。こうしたばらつきを「偶然原因によるばらつき」とよぶ。個々の測定データはそれぞれが独立して存在していることから、すべて対等と見なせる。したがって、個々の値の平均値は、すべてのデータを加えた総和をn数で割ればよいことになる。

しかし、個々の値と平均値の差である偏差の場合は、$n-1$番目までの偏差の値が決まると、n番目の偏差の値は自動的に定まる。なぜなら、偏差の総和はゼロであるため、次式が成り立つからである。

$$x_n - \bar{x} = -\{(x_1 - \bar{x}) + (x_2 - \bar{x}) + \cdots + (x_{n-1} - \bar{x})\}$$
$$= (n-1)\bar{x} - \sum_{i=1}^{n-1} x_i$$

同様に、偏差の二乗(変動)も$n-1$番目までの値が決まると、n番目の値は自動的に定まることになる。したがって、偏差平方和Sは、独立した$n-1$個の変動から成り立っていると解釈できる。そこで次式が得られる。

$$V = \frac{S}{n-1}$$

ここで、Vは分散とよばれる。偏差平方和Sを$n-1$で除したもので、個々の変動の標準的な値とみなせる。単位は測定単位の二乗であるため、その平方根が標準偏差s(スモールエス)となる。

$$s = \sqrt{V}$$

標準偏差の単位は測定単位と同じになる。偏差平方和Sと同様に、分散Vと標準偏差sについても、個々の偏差の絶対値が大きいほど、すなわちばらつきが大きいほど、大きな値となる。そこで、前述の大学生30人の身長データを当てはめてみよう。ここで、偏差平方和Sは以下のように表すことができる。

$$S = \sum_{i=1}^{n} \delta_i^2 = \sum_{i=1}^{n} (x_i - \bar{x})^2 = \sum_{i=1}^{n} x_i^2 - \frac{\left(\sum_{i=1}^{n} x_i\right)^2}{n}$$

この式の第4項は、第3項を単純に展開したもので、計算のしやすさから第

4項がよく用いられる。

$$S = (173^2 + 181^2 + \cdots + 168^2) - \frac{(173 + 181 + \cdots + 168)^2}{30}$$

$$= 884659 - 883740 = 919$$

$$V = \frac{S}{n-1} = \frac{919}{29} \fallingdotseq 31.7$$

$$s = \sqrt{V} \fallingdotseq 5.63 \quad (\text{cm})$$

　以上のことから、基本統計量として平均値171.6 cm、標準偏差5.63 cmの分布であることが明らかとなった。これらの意味については、次のヒストグラムの項で説明する。

②　ヒストグラム

　基本統計量の算出は、データの量的要約とよばれている。もう一つの要約が図的要約となる。その代表的なものがヒストグラムである。ヒストグラムによってデータの分布の形、中心がどこにあるのか、ばらつきの大きさなどを表すことができる。ここで、前述の大学生30人の身長データを用いてヒストグラムを作成してみる。

❶　データの最大値と最小値を求める。

　　最大値 = 185 cm

　　最小値 = 164 cm

❷　区間の数を求める。

　　区間の数 $\fallingdotseq \sqrt{(\text{データ数})} \fallingdotseq 6$（小数点以下を切り上げて整数値に丸める）

❸　区間の幅を求める。

$$\text{区間の幅 } h = \frac{\text{最大値} - \text{最小値}}{\text{区間の数}} = \frac{185 - 164}{6} = 3.5 \text{ cm}$$

　測定のきざみ（最小測定単位）が1cmであることから、この値を測定のきざみの整数倍に丸めると4cmとなる。ここでは、$h = 4$cm とする。

❹ 区間の境界値を決める。

区間の境界値は測定のきざみ(最小測定単位)の 1/2 のところにくるように決める。

$$第 1 区間の下限境界値 = 最小値 - \frac{測定のきざみ}{2} = 164 - 0.5 = 163.5 \ \text{cm}$$

これより、第 1 区間の上限境界値は以下のようになる。

第 1 区間の上限境界値 = 第 1 区間の下限境界値 + 区間の幅

$$= 163.5 + 4 = 167.5 \ \text{cm}$$

同様に、第 2 区間以降、第 6 区間まで以下のように求まる。

第 2 区間の下限境界値 = 第 1 区間の上限境界値

第 2 区間の上限境界値 = 第 2 区間の下限境界値 + 区間の幅 h

$$\vdots$$

❺ 区間の中心値を決める(第 1 区間から第 6 区間まで)。

$$区間の中心値 = \frac{区間の下限境界値 + 区間の上限境界値}{2}$$

❻ ❹❺の結果にもとづいて度数を数え、度数表を作成する(表 3.5)。また、表 3.5 より、ヒストグラムは図 3.7 のようになる。

なお、ヒストグラムを作成する際は、次の 3 つの項目の記載が必要となる。

ⓐ 横軸の名称と区間の中央値の値(6 つ)

ⓑ 縦軸の名称と目盛

ⓒ 平均値とそれを示す縦線

図 3.7 のヒストグラムより、調査した 3 年生の男子学生 30 名の身長の分布は必ずしも均一ではなく、一般の学生に身長の高いグループ、例えば運動部の学生が数名含まれていたようにも見える。この 30 名は、たまたま同じ教室にいた学生であり、しかも 30 名というごく限られた人数でもあるので、整った分布にならないのはやむを得ない面がある。しかし、それでも平均値を中心にある幅をもって身長がばらついている、つまり、分布していることは読み取れる。

表 3.5　度数分布表

（単位：cm）

No.	区間	中央値	度数カウント欄	度数
1	$163.5 \sim 167.5$	165.5	〼〼 ///	8
2	$167.5 \sim 171.5$	169.5	〼〼 ////	9
3	$171.5 \sim 175.5$	173.5	〼〼 /	6
4	$175.5 \sim 179.5$	177.5	//	2
5	$179.5 \sim 183.5$	181.5	////	4
6	$183.5 \sim 187.5$	185.5	/	1
			合計	30

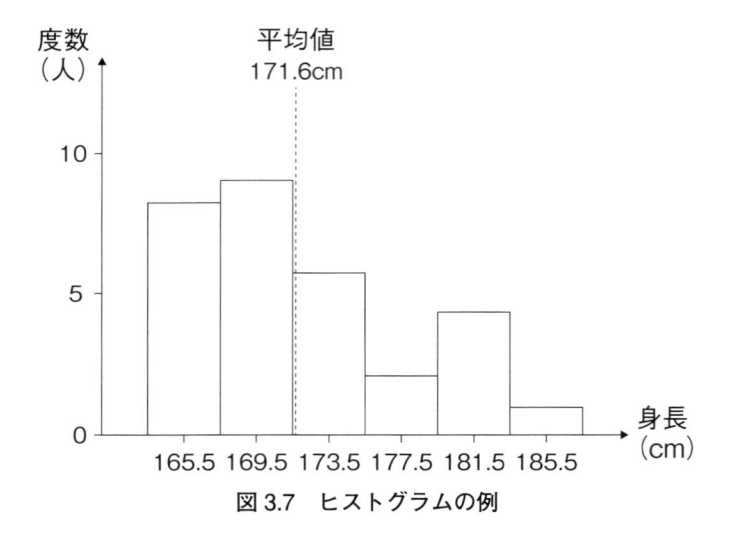

図 3.7　ヒストグラムの例

　そこで、測定対象を大学3年生の男子学生という条件とした場合にどうなるのかを考えてみる。この大学に通うすべての学生、さらに、全国の学生のデータでヒストグラムを描いてみるとどうなるのかを考えてみよう。

　測定数 n が限りなく大きくなるので、区間の数を N とすると、$N = \sqrt{n}$ であるから、N も限りなく大きな値となる。また、区間幅 h は、$\dfrac{最大値 - 最小値}{区間の数 (N)}$

で表されるため、限りなくゼロに近づくことになる。さらに、それぞれの区間に入るデータ数を1番目の区間から順番に、$f_1, f_2, \cdots, f_N$とすると、以下が成り立つ。

$$\sum_{i=1}^{N} f_i = n$$

この両辺をnで割ることで、その区間に入るデータの割合（＝確率）である相対度数に置き換えることができる（**図 3.8**）。

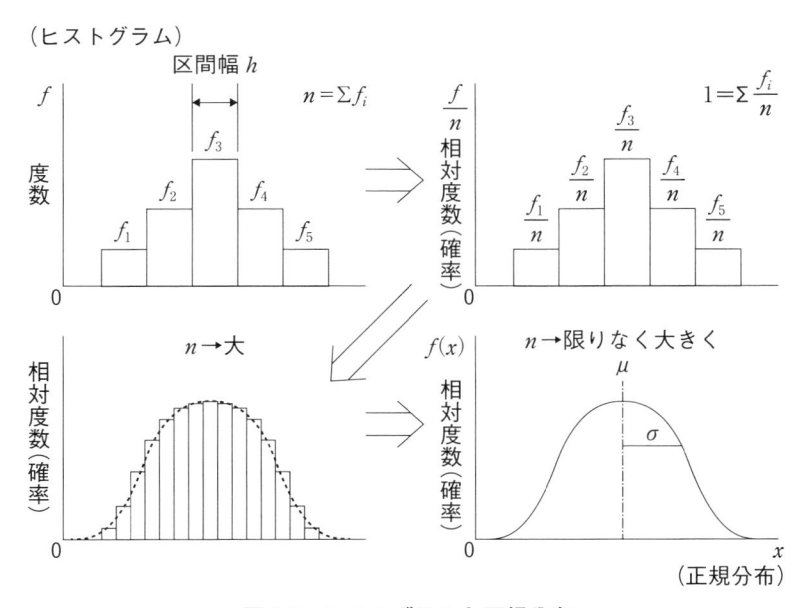

図 3.8　ヒストグラムと正規分布

したがって、第1区間に入る確率は$\dfrac{f_i}{n}$、同様に第2区間では$\dfrac{f_2}{n}$となり、最後は$\dfrac{f_N}{n}$となる。ここで、以下が成り立つ。

$$\frac{f_1}{n} + \frac{f_2}{n} + \cdots + \frac{f_N}{n} = \frac{\sum_{i=1}^{n} f_i}{n} = 1$$

　ここで、$n \to \infty$（無限大：限りなく大きくする）、$h \to 0$（限りなくゼロに近づける）とすると、ヒストグラムは曲線に近づき、正規分布となる（**図3.8**）。正規分布では、平均値を μ（ミュー）、標準偏差を σ（シグマ）で表す。

　正規分布は、ある母集団の偶然原因により発生するばらつきを表す。ここで母集団とは、サンプルを抽出した元の集団を意味する。同じ性質をもつものの集団であり、これからも同じ性質をもつものが生み出され続けていく領域において、生み出されたものの集合体（集団）が母集団を形成する。例えば、3年生の男子学生の身長では、3年生の男子学生のすべてで構成される集団が、母集団を形成することになる。当然、1年後には構成メンバーは入れ替わることになるが、しかし、母集団そのものがなくなることはない。

　生産現場の場合では、安定した工程もしくは機械加工により完成した部品（製品）の集合体が、母集団を形成することになる。これも、その部品を生み出している工程もしくは加工機が存在している限り、母集団も存在し続けることになる。ここでも、例えば、部品（製品）の寸法 x が確率変数となり、偶然原因によるばらつきが存在している。このとき、x は正規分布に従うことになる。この際、「安定した工程であるため、異常原因によるばらつきは発生していない」と仮定できる。これは、いわゆる4M（Man（Member）、Machine、Method、Material）のばらつき・変化の影響が部品の寸法に影響を及ぼさないように、標準作業の徹底、すなわち SDCA サイクルが回っている状態であることを意味している。

　しかし、生産現場と比べ、特性値が計量値で表されるものが極めて少ないサービスの現場においては母集団をどのように考えればよいだろうか。宿泊施設や飲食店、テーマパークなどの施設では、アンケートなどでお客様（宿泊者、入店者、来場者）からの評価を5段階や10段階などの評価尺度で集計し、お客様の満足度を調査しているところが多い。こうしたデータも確率変数であり、確率分布に従っていると見なすことができる。あるお客様の満足度の結果

は、実際にサービスを提供した後に、直接お客様に確認するまでわからない。このように、すべての宿泊施設、飲食店、テーマパークによって生み出されているサービス(提供しているものも含む)が、それぞれの母集団を形成していることになる。

　以上のことから明らかなように、母集団の平均値や標準偏差を把握することは、問題解決の現状把握において、最も重要なことと位置づけられる。なぜなら、これこそが現状の姿(レベルや実力)を表していると見なすことができるからである。

　母集団におけるデータ数は膨大であり、無限大と見なせるため、直接、平均値や標準偏差を求めることは不可能である。そこで、サンプリングという考え方が必要となる。サンプリングとは、母集団からランダムにサンプルを抽出して、それらの特性値(計量値)を測定することで母集団のレベルを推測するという考え方である(図 3.9)。

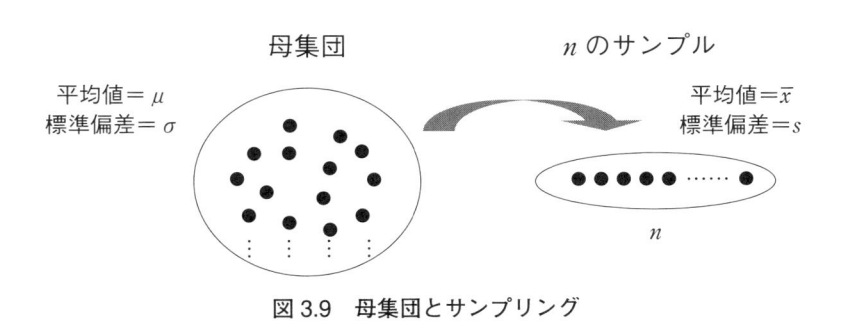

図 3.9　母集団とサンプリング

　図 3.9 において、サンプル数は n となる。したがって、量的要約により確率変数である特性値の平均値と標準偏差が求まる。このとき、これらの値に何を期待するのか。サンプルからの値を通して、母集団の平均値と標準偏差を知りたいのである。したがって、n 個のサンプルの値が、母集団の期待値となる。

　3 年生の男子学生の場合は、30 名のサンプルの量的要約から平均値171.6 cm、標準偏差 5.63 cm という値を得た。この値から、母集団(3 年生の男

子学生すべて)における平均値の期待値は 171.6 cm、標準偏差の期待値は 5.63 cm となる。しかし、あくまでも期待値であるので、真の値(これも神の みぞ知る値である)とは必ずしも一致していないことに留意しなければならな い。それでも、この値のもつ意味は大きい。

　例えば、ある統計では、1 年生の男子学生 500 人以上の測定結果として、平 均値 171.4 cm、標準偏差 6.02 cm という値が示されている。大学入学後はそれ ほど身長が伸びない事実を考慮すれば、わずか 30 名のデータであっても、あ る程度全体(母集団)の姿を映し出しているといえるのである。

　ここまで、特性値が数値データの場合について、現状の実態把握(見える化) のためのツールとして、基本統計量(平均値、標準偏差)とヒストグラムについ て説明してきた。これらは、いずれも偶然原因によるばらつきを見える化する ためのものである。通常、母集団が正規分布に従うと仮定するため、平均値、 標準偏差を推定することで、現状の姿を正しく捉えることができる。この考え 方を活用することが、問題解決のすべての基本となる。

　以下③〜⑤に示すツールは、人に起因するばらつき・変化、すなわち、異常 原因によるばらつき・変化を見える化するためのものである。また、偶然原因 によるばらつきが存在している母集団において、「異常が発生したのかどうか」 を示してくれるツールでもある。なお、ここでは簡単な紹介に留めるため、よ り具体的な説明(作成方法など)は専門書[2]を参照されたい。

③　グラフ

　グラフはもっとも一般的なツールなので、大多数の読者は、一度くらいは自 分で作成したことがあると思う。グラフには、折れ線グラフ、棒グラフ、円グ ラフなどいくつか種類があるので、その作成目的を明確にしたうえで、用途に

---

(2)　例えば、『やさしい QC 手法演習　QC 七つ道具─新 JIS 完全対応版─』(細谷克也、 日科技連出版社、1982 年)など。

応じた使い分けが必要となる。あくまでも現状の姿を正しく一目で理解できることが求められるため、目標値がある場合は、目標値を図中に明記することが望まれる。こうすることで、現状のレベルを関係者で共有することができるようになる。

④　パレート図

　「vital few（極めて重要なことは少なく）、trivial many（ささいなことは多い）」というパレートの法則は、イタリアの経済学者パレート（V. Pareto）の名前に由来している。極めて重要なことに着目して、そこから手を付けるのが望ましいという重点指向の考え方にもとづき、ある事象に対して原因別に層別し、その出現度数を数え、多い順に並べていき、さらに累積比率を表す折れ線グラフを重ね合わせたものをパレート図とよぶ。これは、重点指向の意思決定を行うときに極めて有効な見える化のためのツールである。パレート図の例を図 3.10 に示す。

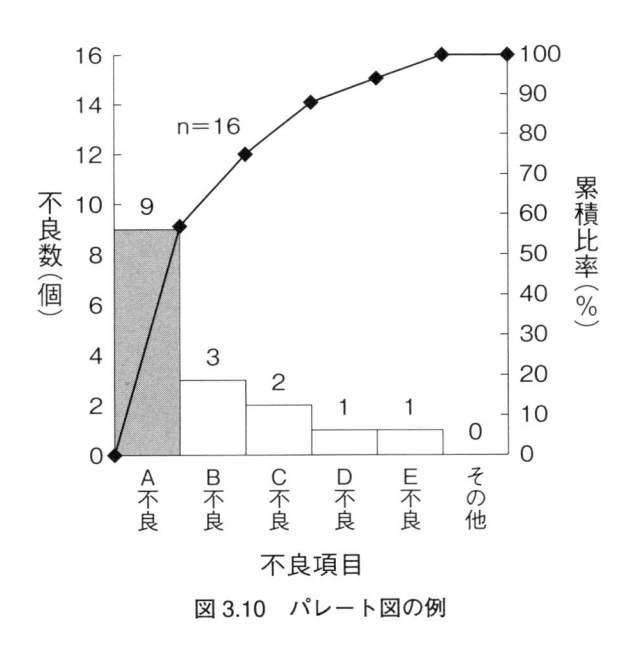

図 3.10　パレート図の例

⑤　管理図

　管理図は、米国の「統計的品質管理の父」とよばれたシューハート(W. A. Shewhart)によって考案された。管理限界線(規格線とは異なる)を設定することで、偶然原因により発生しているばらつき以外の、すなわち異常原因に起因するばらつき・変化を発見することを可能とした画期的なツールである。当初はサンプリングにより測定したデータから作成されていたが、IoT に代表されるようにデータ数は無数となり、しかも機械が自動で処理する時代となったため、管理図の活用は限定的となってきたように思える。しかし、その考え方は不変であるので、機械と向き合っていくために正しい理解が必要となる。これは、いつの時代も変わらないだろう。

　ここまで、特性値が数値データの場合に、ばらつき・変化の実態把握(見える化)に役立つ主なツールを紹介した。

　データが目の前にある場合は、まずは図を使った要約(図的要約)から行うことが望まれる。なぜなら、「データのなかに異常値が紛れ込んでいるのか、いないのか」が、一目でわかるからである。もし異常値があれば、それらを取り除いたうえで数値を使った要約(量的要約)を行わなければならない。したがって、見える化には、図的要約と量的要約の両者が必要となる。

⑵　特性値が言語データの場合：ばらつき・変化の見える化

　数値データがある、もしくは採取できる場合は、比較的容易にばらつき・変化の実態を表すこと(見える化)が可能である。しかし、お客様の嗜好などのばらつき・変化を表すことは必ずしも容易ではない。

　お客様の好みを尋ねるアンケートを行うと、さまざまな意見や要望が出てくる。これが、言語データとなるが、そのばらつき・変化の実態を見える化するための代表的なツールは、新 QC 七つ道具のなかにある。ここでは、親和図法と連関図法について簡単に紹介する。

① 親和図法

親和図法は、川喜田二郎氏によって開発された KJ 法に由来する。

与えられたテーマに対して、多くの人からの意見、発想、経験や事実を言語データとして捉え、それらを集めて親和性の高いものをグルーピングして、解決すべき問題を絞り込む方法である。また、異質なメンバーから出された言語データを取捨選択せずに、すべて尊重することでチームワークの醸成が図られるとともに、問題解決を促進することができる手法である。

筆者がある大学の授業で行った事例を図 3.11 に示す。

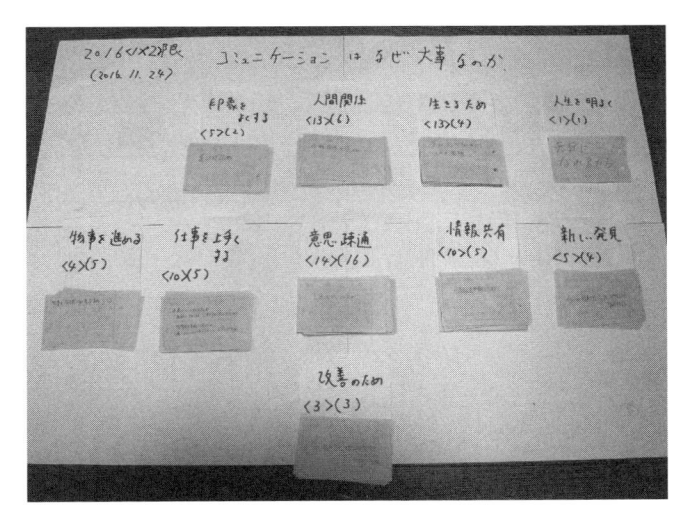

図 3.11　親和図の例

「コミュニケーションはなぜ大事なのか」というテーマで学生に自由に意見を出してもらい、一枚の付箋紙に一つの意見を一人数枚記入した。それらを集めて同じ内容のものをグルーピングし、それぞれに表札をつけた。これを 2 つのクラスで行い、それぞれの枚数を表札に記載した。表札と枚数をクラスごとに整理した結果を表 3.6 に示す。

表 3.6 から、両クラスとも「意思疎通を図り、人間関係を構築することが、

表3.6　コミュニケーションはなぜ大切なのか

表札	Aクラス	Bクラス
意思疎通	14(17.9%)	16(31.4%)
人間関係	13(16.7%)	6(11.8%)
生きるため	13(16.7%)	4(7.8%)
情報共有	10(12.8%)	5(9.8%)
仕事を上手くする	10(12.8%)	5(9.8%)
印象を良くする	5(6.4%)	2(3.9%)
新しい発見	5(6.4%)	4(7.8%)
物事を進める	4(5.1%)	5(9.8%)
改善のため	3(3.9%)	3(5.9%)
人生を明るく	1(1.3%)	1(2.0%)
計	78(100.0%)	51(100.0%)

生きていくために大切なものである」という意見が、全体の約半数を占めた。クラスが異なっても同じ傾向であったことは、概ね大学生の問題意識の本質を捉えることができたといえる。社会人では、情報共有や仕事をうまく進めるなどの比率がもう少し高くなるだろう。このように、親和図法を用いることで多くの言語データが集約でき、その分布(ばらつき)を示すことができる。すなわち、混沌とした状態を解きほぐして、本質的な問題を明らかにすることができるようになるのである。

② 連関図法

　連関図法とは、原因―結果、目的―手段など関係が複雑多岐に絡み合っている問題(事象)について、その各要因の因果関係を論理的につなぎ、ネットワーク状で表すことで、問題(事象)を総合的な見地から捉えて解明し、適切な解決策を導き出すのに有効な手法である。

　『管理者・スタッフの新QC七つ道具』(QC手法開発部会 編、日科技連出版

社、1979 年)では、連関図法について次のように説明されている。

　「連関図法を用いて問題を解決していくにあたっては、数人のメンバーによるチームを編成し、数回にわたって連関図をかきあらためていくことが大切である。その作成の過程において、メンバーのコンセンサスが得られ、発想の転換がはかれて、問題の効果的な解決に結びつくのである。」

　図 3.12 に連関図の例を示す。

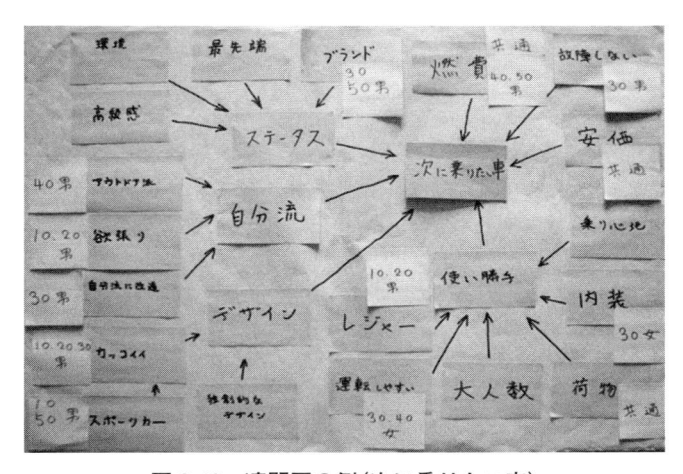

図 3.12　連関図の例(次に乗りたい車)

　これは、さまざまな年代の男女合わせて 138 名に、「次に乗りたい車」を尋ねた結果をまとめたものである。138 名から得られた言語データを、親和図を用いて類似の内容でグルーピングしたところ 19 の表札が得られ、それらの関係性を連関図で表している。また、表 3.7 は図 3.12 を整理したもので、表の右列はそれぞれの表札に該当する人数を示している。

　この調査は 2009 年に行われたが、約四分の一が次に乗りたい車として燃費のよい車を挙げていた。当時ハイブリッド車はトヨタのプリウス 1 車種のみで

表 3.7　「次に乗りたい車」の集計結果

	カテゴリー			回答者数（名）
	第 1	第 2	第 3	
次に乗りたい車	安価			13
	故障しない			4
	燃費			34
	ステータス	ブランド		10
		高級感		3
		環境		1
		最先端技術		1
	自分流	欲張り		5
		自分流に改造		3
		アウトドア派		3
	デザイン	かっこいい	かっこいい	12
			スポーツカー	8
		独創的デザイン		2
	使い勝手	運転しやすい		13
		内装（設備の操作性）		3
		乗り心地		2
		荷物		10
		大人数		6
		レジャー		5
			合計	138 名

あったが、今日の状況に至った必然性がこの調査からも伺える。

　このように、親和図も連関図も、その作成プロセスに大きな意義があることがわかる。お客様のニーズはさまざまで、ばらつきが存在し、混沌とした状態にあるわけだが、上記の例のように見える化を行うことで、「今後どのような

対応をしていけばよいのか」が見えてくる。

　しかし、組織のなかにもさまざまな考え方があり、必ずしも統一されている
わけではない。特に、多くの部署が関係する問題に直面したとき、その解決策
を見い出すことは容易ではない。担当者は部署間の調整に追われ、上司への説
明も頻繁に行い、そのための資料づくりにも相当な工数を費やす。こうしたこ
とが日本の生産性低下の大きな要因になっているのではないだろうか。経営者
および管理者は、積極的に見える化を行い、仕事の質の向上に取り組んでいか
なければならない。さまざまな意見を親和図や連関図で表すことができれば、
自ずと最適解は見つかる。それが、お客様にとっての最適解だからである。

■ 3.4.2　要因の抽出

　要因とは、現状の姿と目指す姿にギャップを生じさせている元となる原因を
いう。実際の現場では、数多くの要因が存在しているが、その全貌を把握する
ことはかなり困難である。しかも、関係者が大勢いれば各人の認識にばらつき
があり、共有することはまれである。そのため、問題解決ステップの、特に現
状把握と要因解析において、要因を関係者で抽出して共有することが極めて重
要となる。ここでは、そのためのツールについて解説する。

⑴　プロセスの見える化

　要因解析においてまず必要なことは、問題が発生しているプロセスを特定す
ることである。しかし、お客様に価値を提供している業務プロセスは、多くの
部署や関係者が介在しているため、明確になっているケースが少ない。標準と
なる規程が存在している場合でも、制定した時期が古く、実情と異なっている
ケースも多い。そのため、問題解決では現在ある規程類(標準)の確認も含め
て、現状のプロセスを書き表すことから始めることが望ましい。これがトヨタ
生産方式でいう「 表 準 」の考え方である。

　現状のプロセスを書き表すための方法のなかで、よく使われているものは、
概ね表3.8 の 3 つに集約できる。表3.8 については、以下の①〜③で解説する。

表3.8　プロセスの見える化ツール

プロセスの見える化ツール	主な利用目的	主な用途
①　プロセス(業務)フロー図	モノと情報の流れの見える化	業務手順書
②　PDPC(Process Decision Program Chart)法	節目ごとの意思決定の見える化(NGの場合の戻り先の明確化など)	品質保証体系図
③　業務計画表	日程と役割分担の明確化	プロジェクト進捗管理表

①　プロセス(業務)フロー図

　プロセスは、日本品質管理学会規格の「品質管理用語　JSQC-Std 00-001：2011」において次のように定義されている。

　「インプットをアウトプットに変換する、相互に関連する又は相互に作用する一連の活動。
　注記　インプット及びアウトプットには、ハードウェア、ソフトウェア、
　　　　サービス、情報、エネルギーなどが含まれる。」

　したがって、一般的な組織や企業においては、プロセスは一つひとつの作業や業務を表していると見なすことができる。前後の工程(プロセス)があるなかで、前工程のアウトプットを自工程のインプットとして、自工程ではそこに定められた価値を付加して、アウトプットを生み出すことになる。このアウトプットは、次の工程(後工程)のニーズを満たし、さらにはお客様の期待に応える価値提供につながるものでなければならない。そのため、それぞれの工程(プロセス)では、自ら生み出したアウトプットの良否をその場で判断できるように、判断基準を設定することが通常である。

　日本品質管理学会規格の「プロセス保証の指針　JSQC-Std 21-001：2015」の７頁に、「図１　プロセスの概要」が掲載されているので、それを参考にして作成したプロセスの模式図を図3.13に示す。

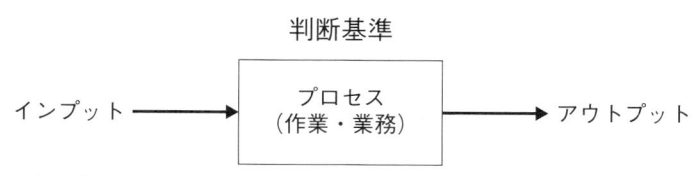

判断基準

インプット ━━━━▶ プロセス（作業・業務） ━━━━▶ アウトプット

（出典）　日本品質管理学会：JSQC-Std 21-001：2015、プロセス保証の
　　　　指針、p.7、図1より筆者作成

図3.13　プロセスの模式図

　実際の場面では、一つのアウトプットを生み出すための作業や業務は数多く存在し、それらがつながっている場合がほとんどである。これがプロセスの連鎖であり、価値の連鎖（バリューチェーン）を生み出すことになる。この模式図を**図3.14**に示す。いわゆるプロセス（業務）フロー図（流れ図）とよばれるものである。

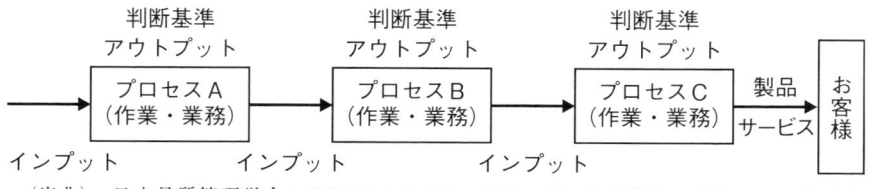

図3.14　プロセス（業務）フローの模式図

（出典）　日本品質管理学会：JSQC-Std 21-001：2015、プロセス保証の指針、p.7、図1より筆者作成

　さらに、前述の日本品質管理学会規格の「品質管理用語　JSQC-Std 00-001：2011」において、プロセス保証は、「プロセスのアウトプットが要求される基準を満たすことを確実にする一連の活動」とされている。

　それぞれのプロセスにおけるアウトプットが、後工程のニーズを満たすことを確実にすることで価値の連鎖が起こり、最終的にお客様の満足を獲得し続けることが可能となる。ここに、プロセス重視が品質管理・問題解決において極めて重要な考え方となった大きな理由がある。現在では、こうした考え方は

「品質は工程で造り込む」「自工程完結」とよばれることが多く、多くの企業・組織に重要な考え方として浸透している。

　ところが、プロセスの見える化が行われているケースあまり多くない。製造の現場や ISO 9001 に取り組んでいるところでは、品質保証体系図、QC 工程表、作業標準書などがプロセスの見える化の代表事例となる。サービス業などでも、接客マニュアルや業務マニュアルなどが相当するが、一部を除いてはそれほど普及しているとは言い難い。そのため、やり直しやムダな時間が多く発生している。

　最もプロセス重視の考え方が浸透していないといわれている分野に、職種としての営業がある。それぞれの営業メンバーが自らの経験を踏まえてお客様対応をしていることが多いため、どうしても属人的となり、新人は先輩からの教えを体で覚えていくことになる。

　このような現状を変えようと、ある会社の営業所では、営業業務の見える化に取り組んだ。テーマは顧客訪問である。以前は営業メンバーそれぞれが計画を立てて顧客を訪問していたため、訪問後のフォローについて組織として対応できていなかった。そこで、**図 3.15** に示す訪問プロセスを整備して実践したところ、受注率の向上につながったのである。

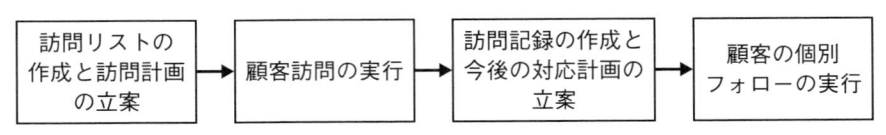

図 3.15　**顧客訪問プロセス**

　特に訪問記録を一覧表として関係者で共有したことで、所長やベテランから的確なアドバイスが得られるようになった。また、顧客ごとにきめ細かな対応が可能となったことで、顧客満足も向上した。

　この事例からもわかるように、プロセスを関係者で共有することは、現状の見える化そのものである。また、プロセス保証とは、「顧客に提供する価値を

高めるために、それぞれのプロセスにおいて的確な意思決定ができるようにプロセスを描くこと」である。したがって、問題解決の現状把握においてプロセスを描くことで、「どのプロセスに（どの意思決定によって）問題が引き起こされているのか」に迫ることができるのである。

② PDPC（Process Decision Program Chart）法

PDPC は、過程決定計画図とよばれ、不確実な状況のもとでの意思決定のプロセス（手順）を表すものである。新しいサービスを提供するまでの意思決定のプロセス例を図 3.16 に示す。

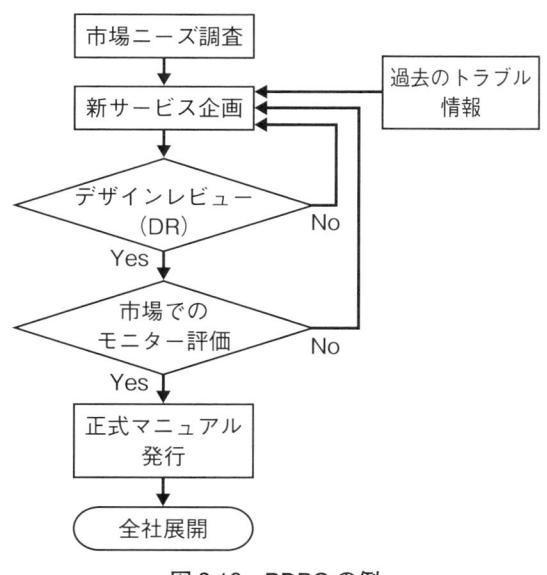

図 3.16　PDPC の例

新サービスを顧客に提供するまでに必要となる意思決定の方法として、デザインレビュー（設計審査）があるが、これは、企画案をもとに関係者が審査をして、良否を判断する場である。ここで良と判断されれば、次のプロセスである市場でのモニター評価に移ることになる。しかし、否であれば、もう一度企画

案を練り直す。同様に、市場でのモニター評価の結果が良であれば、新サービスは全面的に展開されることになるが、否の場合は再度企画案の見直しが必要となる。

　過程決定計画図では、意思決定のプロセスを特に菱形で表すのが一般的である。この菱形からは、必ず良となった場合の次のプロセスと、否となった場合に戻るプロセスを示すための2本の矢印が示されることになる。

　また、全社的に規定される品質保証体系図もこの応用と見なせる。前述の日本品質管理学会規格「プロセス保証の指針　JSQC-Std 21-001：2015」の8頁の図2として品質保証体系図の例が示されているので、これを**図3.17**として引用する。

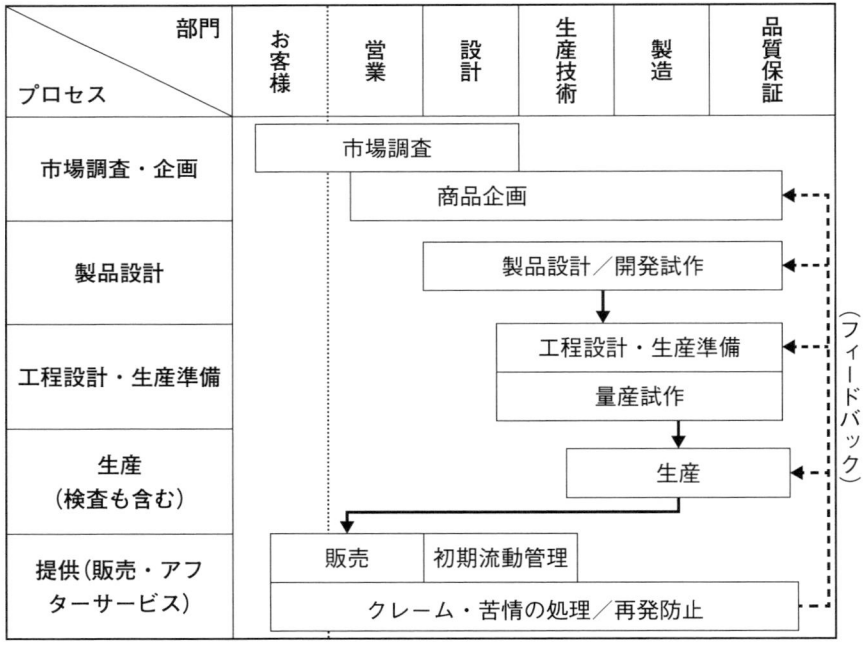

（出典）　日本品質管理学会：JSQC-Std 21-001：2015、プロセス保証の指針、p.8、図2を引用

図3.17　品質保証体系図の例

　このように、PDPC 法はプロセスフロー図をベースとして、そのなかの意思決定のプロセスを強調したものであることがわかる。こうしたツールを実際に活用する場合は、自組織、自社の実情に応じて適宜アレンジしても構わない。プロセスを見える化し、関係者で共有できれば、細かい書き方に拘る必要はない。

③　業務計画表

　業務計画表も、プロセスの見える化のために重要なツールとなる。これは、特に新たなプロジェクトを計画して実行する際に、主な業務と役割分担や日程計画などをまとめたものである。詳細は、前著『"質創造"マネジメント』の90頁で解説したが、問題解決の視点から業務計画表の最も重要なポイントは、計画と実績の差異を明確にできることである。その一例を図 3.18 に示す。

実施事項	担当	年	2017 年								2018 年	
		月	5 月	6	7	8	9	10	11	12	1	2
		全体日程			■企画完		■パンフレット完		■参加者募集開始			☆開催
イベント企画立案	Aさん	計画										
		実績										
パンフレット作成 広報宣伝活動	Aさん Bさん	計画			パンフレット作成			広報・宣伝活動				
		実績										
参加者募集 当日の段取り検討	Bさん	計画										
		実績										

図 3.18　○○イベント開催　業務計画表

　図 3.18 の左側の実施事項の欄は、上から下へと順番にプロセスの流れを示し、また、それらに対応して左から右へと日程(時間の流れ)を示している。さ

らに、担当者(部署)も記載して、役割分担を明確にすることで、イベント開催計画の全体像を共有することができる。

　ここで重要なことは、それぞれのプロセスごとに計画欄と実績欄が設けられていることである。毎月の進捗フォローの場などで、計画に対する実績を記入していくことが望まれる。ここで計画との差異が生じたときは、「何が阻害要因となったのか」を書き記しておく。これが、次回のイベント計画立案時に役に立つ情報となるのである。

　最初から完璧な計画などありえない。どんなに緻密な計画を練っても必ず想定外のことが発生し、計画との差異が生じる。しかし、そのことを記録に留め、次回に同様の計画を立案するときに反映させることで、同じ差異が生じる事態を回避できる。そうすればSDCAのサイクルを回し続けていくことができる。そのため、業務計画表は極めて重要なツールなのである。

　近年、パワーポイントの普及により、パソコンのなかに計画表のデータがあるケースがほとんどである。そのため、担当者は当初計画に対する差異に気づいても、計画との差異を報告することが少なくなった。実際には、数多くのやり直しや不具合が発生し、その対応に追われていたにもかかわらず、途中経過はどうであれ、無事イベントが終了すると、うまくできたことだけが報告され、「何事もなく開催できた」と総括される。しかし、これでは問題の再発が防げないことは明らかである。また、例えば、担当者が代わった場合、すべてが振り出しに戻ってしまうことにもなりかねない。

　業務計画表は、業務の進捗管理に欠かせない極めて有効なツールである。ぜひＡ３用紙以上の大きな紙一枚に実績フォローや阻害要因、追加実施事項などを追記できるようにしてもらいたい。パソコンでも同じ機能が設定できるなら、その方法を否定するつもりはないが、紙にまとめることの有効性は、若い読者にぜひとも伝えておきたいことの一つである。

⑵　要因の洗出し

　これまでにも何回も述べてきたが、問題解決における要因解析の場面で重要

なことは、考えられる要因をすべて挙げてみることである。関係者が集まって、それぞれの経験や知見にもとづいて要因を洗い出すことが何よりも効果的である。このとき、先入観や人の意見を排除することは避けなければならない。また、ここで注意しなければならないのは、決め打ちといわれる最初から対策ありきの要因解析である。つまり、特定の対応以外の可能性をすべて排除することであり、真の原因(真因)を見逃してしまう危険性を生じさせるのである。制約条件をすべて外し、まずは考えられることすべてを洗い出してみることが極めて重要となるのである。

要因の洗出しに有効なツールを以下の①、②に紹介する。

① 特性要因図

あまりにもポピュラーなツールのため、特に解説の必要もないかもしれないが、改めてその意義・重要性を確認しておきたい。

特性要因図は、特性(結果)とその要因(原因)の関係を主に4Mで分類し、問題を引き起こしている原因を追求するときに使用する。ここで4Mとは、Man(Member:人)、Machine(機械)、Method(方法)、Material(材料)を表し、価値を提供する側に内在する、特性のばらつき・変化に影響を及ぼす要因の分類である。図 3.19 に特性要因図のモデルを示す。通常右側に特性を記し、そこに向けて左側からメインの矢印を引く。そこに、関係性を考慮して、4Mのそ

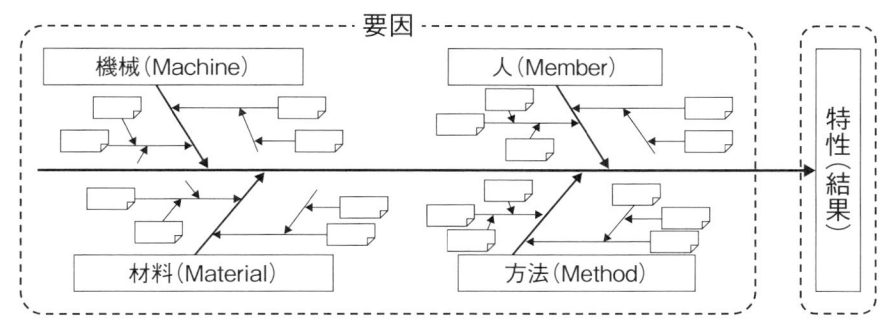

図 3.19 特性要因図のモデル

れぞれの要因を配置していくことになる。

　特性要因図は、日本の生産現場から生まれた手法であり、製造工程の問題解決を中心に普及してきたため、４Mによる分類が一般的であるが、必ずしも４Mに拘る必要はない。それぞれの分野に応じた括りを見い出して活用して欲しい。

　特性要因図は、真の原因(真因)を特定するものではない。結果として真因に迫ることも十分可能ではあるが、考えられる要因をすべて挙げ、その関係性を表すことにその意義がある。関係者が集まってそれぞれの経験や知見にもとづいて要因を洗い出すことが何よりも効果的であり、その作成プロセスが重要なのである。

　関係者が一堂に会することで、ベテランや先輩のノウハウが伝えられる。新人や後輩にとっては、自分の業務についての理解を深めることができる貴重な機会となる。特性要因図を作成することは、まさに人材育成そのものにつながるのである。

　さらに、さまざまな職種が存在する場合は、それぞれの専門的知見から要因が抽出されるため、一つの職種だけでは思いもつかない要因が出現して、真因の特定につながることも多い。病院の医師による問題解決の場面で、筆者は特性要因図を病院内のすべての関係者を集めて作成するように勧めた。その後のある医師の振り返りが印象的である。

　「要因解析の場面で、これまで話をしたことのなかった病院のスタッフの意見を聞き、今まで自分が想像したこともなかった話(職員の意識)を聞くことができた。現場の声に耳を傾けることの大切さを痛感した。」

　このように、特性要因図の意義は大きい。まだ、特性要因図を作成したことがないテーマについては、機会を見つけて積極的に取り組んで欲しい。その際には、ブレーンストーミングと同じ要領で行うことが肝要である。すなわち、何でも自由にものが言える雰囲気のもとで、「人の意見は絶対に批判しない」

「アイデアは質より量を尊重する」などといった条件を守ってほしい。そのためには、リーダーや管理者の理解が不可欠となる。こうした機会を捉えて、いつでもコミュニケーションのとれる風通しのよい職場風土の醸成に努めてもらいたい。

② SWOT 分析

特性要因図は、価値を生み出してお客様に提供する側の内部に潜む要因の洗出しが中心であった。お客様側のばらつき・変化に関する要因を抽出することも可能ではあるが、しかし、その都度の検討に委ねられる。これに対して、企業・組織の内部要因だけでなく、外部要因(お客様を含めた外部環境の変化など)についても検討を加え、整理する方法としてSWOT(スウォット)分析がある。

図 3.20 に示すとおり、SWOT とは、強み(Strength)、弱み(Weakness)、機会(Opportunity)、脅威(Threat)の英字の頭文字をつなげた言葉であり、内部要因として自組織・自社の強みと弱みを抽出し、さらに、外部要因として機会と脅威を抽出したうえで、それらをマトリックス上に整理するツールである。

強み(Strength) ・ ・	機会(Opportunity) ・ ・
弱み(Weakness) ・ ・	脅威(Threat) ・ ・

図 3.20 SWOT 分析マトリックス

SWOT分析は、中長期の戦略策定に役立てることができる。企業・組織は、

お客様の要求・期待に応えることのできるアウトプットを生み出し続けていかなければならず、そのためには、現状とのギャップを明確にして、そのギャップの元となる原因を見い出す必要がある。こうして見い出した要因を、SWOT分析を活用することで効果的・効率的に整理できる。

　SWOT分析は、中小企業診断士が中小企業の診断を実施する際にもよく用いられる。その実践事例を**表3.9**に示した。これは、筆者も関係したある建築

表 3.9　SWOT 分析の例

強み(Strength)	**機会**(Opportunity)
• 純度の高い原料を取り扱うことができる。 • 取引先との強い繋がりがある。 • 商品アイデアをくれる同業者人脈がある。 • お客様の要望に対して何でも取り扱いできる。 • 経営実務は、二代目に引き継ぎ済みである。 • 経営者が若い、人柄が良く、将来性がある。	• 原料は数多くある。 • 震災による需要増があった。 • 高付加価値商品、建材の需要が増えている。
弱み(Weakness)	**脅威**(Threat)
• 専門的知識に深みが足りない。 • ミーティングなど、社員間の情報共有の機会がない。 • クレーム対応がその場限りで本質的でない。 • 社員教育が十分に実施されていない。 • 5Sなど、会社として基本的なことがされていない。 • 自社の取り扱い商品カタログなど、営業ツールがない。 • 全国から情報収集されていない。 • 取締役以外は、経営意識が薄い。	• 住宅着工率が低下している。 • 燃料費が高騰している。 • 輸入材が増加している。 • 値下げ圧力がある。

資材を取り扱う中小企業に対して行った SWOT 分析の結果である。

　現代の中小企業に共通した要因が表 3.9 にも多く表れている。この分析結果から、例えば今後の方向性として、高付加価値商品（機能性、見栄えなど）に重点を置いた戦略の展開などが考えられる。景気が安定して上向きのときは、中小企業は親会社との取引に専念していればよい。しかし、先行きが不透明の状況下では、それだけでは不十分である。同業他社との差別化は必須となり、この例にもあるように、高付加価値商品の開発などの努力が不可欠である。これも大きな問題解決であり、SWOT 分析は、そのための要因を抽出して整理する有効なツールである。こうした努力を怠った組織は、今後も自然と淘汰されていくことになろう。

⑶　真因の追究

　問題解決ステップ 3.3.4 項のなかで述べたが、ここでは、「なぜ」を繰り返す際の留意点について補足する。

①　なぜなぜ（5 なぜ）分析

　基本は、「なぜ……なのか」という問いに対して「……だからだ」という回答を繰り返すことにある。しかし、「……だからだ」と言い切るためには、事実にもとづいた裏付けが必要である。もちろん、固有のノウハウにもとづく判断で構わないが、そのためには、プロセスの見える化と要因の洗出しが行われていることが前提となる。これが不十分だと誤った判断をしてしまう可能性が高くなり、真因にはたどり着けなくなる。

　仮説に対する検証を確実に行うことで、はじめて次の「なぜ」に移ることができる。「……だからだ」と結論されるまでには、一つだけでなく複数の「……だからだ」が存在するケースもありうる。それらを検証することで、一つの結論へと絞り込まれていくのである。「なぜ」を繰り返すことは、検討のための多くの工数（時間）と日数を要する。

　真因にたどり着ければ、「なぜ」の繰返しは淀みなく流れているように見え

るが、そこに至るまでの検討には、相当なエネルギーが必要なので、真因にたどり着くことは容易ではない。

　ここまで、要因の抽出に関するツールの紹介を行ってきた。概ね(1)プロセスの見える化、(2)要因の洗出し、(3)真因の追究、の順に検討を進めていくことが望ましい。これにより、多くの気づきとともに、真因に到達できる可能性が高まるからである。

　以上、表3.4の「現状の実態把握(見える化)(3.4.1項)」「要因の抽出(3.4.2項)」について主なツールを紹介してきた。表3.4では、「仮説検証」のツールもいくつか挙げたが、これらについては専門性が高いため、解説は専門書[3]に委ねたい。必要に応じて理解を深めて活用してもらいたい。

---

(3)　例えば、「検定・推定」については、『入門　統計解析法』(永田靖、日科技連出版社、1992年)など。

第4章　問題解決研修

4.1　TQM における問題解決研修の位置づけ

　マネジメントの全体像は、**第2章**で述べたように「価値創造」と「品質保証」、および一人ひとりの「品質意識」の3つに集約できる。そして、これらを実現するための道具として TQM を位置づけた。すなわち「方針管理(PDCA)」「日常管理(SDCA)」「風土づくり(QC サークル活動)」などである。これらの道具を実践活用するためには、企業・組織のトップから第一線のメンバーに至るまで、全員がその基本となる考え方(価値観)と手順(型)を理解しておかなければならない。この基本となるものが、**第3章**で述べた「問題解決の3要素」に他ならないのである。したがって、TQM の展開・浸透に際しては、問題解決の基本を身に付けるための研修が、極めて重要な役割を担うことになる。

　ところが、「はじめに」で述べたように、問題解決は座学の研修だけでは実践できるレベルまで到達できない。やはり「自らのテーマを自らの力で解決に導くことができた」という体験が何よりも重要となる。問題解決力は習って身に付けるものではなく、体得するものなのである。

　日本でもっとも歴史のある「問題解決研修」は、日本科学技術連盟(日科技連)が1949年から展開している、「品質管理セミナーベーシックコース」であろう。2017年度版のセミナーガイドには、ベーシックコース運営委員長である中央大学の中條武志教授による推薦文が掲載されているのでその一部を紹介する[1]。

　「品質管理セミナーベーシックコース（略称 BC）は、「品質管理技術に関する深い知識と高い応用力の習得」をねらいに 1949 年に開設されました。以来、今日まで 67 年間にわたり、延べ 129 回、299 クラス、33,954 名の研修生を産業界に輩出してきました。

　本コースは、顧客・社会のニーズに応え、高い競争力をつけるために、経営上の重要問題・課題をしっかりとらえ、これを次々と鮮やかに解決していく技術者・スタッフを養成するためのものです。」

　ベーシックコースの大きな特徴の一つに、実務に直結する実力を養成する"班別研究会"がある。同ガイドには次のように記されている。

　「自社の品質問題から業務に関係の深い改善テーマを選び、研究を進めます。身近なテーマで改善を行うことで、より深い知識・経験を得ることができます。実際に改善実績をあげるとともに、毎月グループ研究の場を設け、問題解決・課題達成の諸手法・考え方の実践力を身につけます。」

　このように、受講生が身近なテーマを持ち寄って、毎月少人数（講師一人に受講生が 2 〜 3 名）によるグループ研究の場をもつことで、問題解決の実践力を養うことができる。ベーシックコースの期間は半年であり、その間に研究会は 6 回開催され、受講生は問題解決のステップを一通り実践できるようになっている。

　4.2 節〜 4.5 節では、さまざまな立場の人たちを対象として実施した研修の成果をまとめた。4.2 節では、トヨタが長年にわたり実施してきた問題解決研修を、筆者の体験を中心に紹介する。4.3 節と 4.4 節では、上記ベーシックコースの班別研究会をモデルとして、医師と NPO 代表を対象とした研修を実施

（1）　日本科学技術連盟：「品質管理セミナーベーシックコース【QC 検定 1 級レベル対応】」パンフレット（https://www.juse.or.jp/src/seminar/detail/99/22013）

し、それぞれにその概要をまとめた。また、**4.5 節**では、品質管理(問題解決)を大学で講義する機会を通じて得た学生の感想や意見を中心に紹介する。これらの研修を通して、「問題解決の 3 要素がどこでもそのまま適用できることを実証できた」と判断している。

4.2 トヨタの問題解決研修

トヨタ自動車では、1965(昭和 40)年のデミング賞受賞を契機に、全社員がそれぞれの立場で PDCA を回すことを、すなわち、「改善する・問題を解決する」ことを徹底している。また、その実践のための仕組みとして、方針管理と QC サークル活動を全社に浸透・定着させている。そして、こうした取組みを TQM 推進の柱とし続けて今日に至っている。

筆者がトヨタに入社したのは 1977(昭和 52)年である。その 2 年前の 1975(昭和 50)年にはトヨタの年間生産台数は 234 万台で、米国のビッグ 3(ゼネラルモーターズ(GM)、フォード、クライスラー)には遠く及ばない数字であった。しかし、トヨタがデミング賞を受賞した年(1965 年)の生産台数は 48 万台であり、わずか 10 年あまりで生産台数は 5 倍近くにまでなったので、大躍進を遂げている時代であった。当時の経営者は当然ビッグ 3 を意識していたが、新入社員の立場からは、まるで夢のような話であった。トヨタが現在の規模にまでさらに躍進するとは筆者にはまったく想像できなかったというのが、正直なところである。

トヨタが今日のような状況にまで至れたのは、歴代経営者の卓越した先見性および洞察力によるところが大きかったと思う。そして、それを下支えしてきたのが TQM だと位置づけることができる。問題解決・改善の重要性についてはトヨタの豊田章一郎名誉会長が「改善という風土のないところには改革はない」と著している[2]。経営者が的確なビジョン・方向性を示したとしても、それを具体化していくためには、多くの障壁や困難を乗り越えていかなければならない。全社員が参画する総力戦が必要となるのである。ここに、トヨタにお

けるTQMの意義があったと考えられる。

　このような背景もあって、前著『"質創造"マネジメント』では、豊田章一郎名誉会長から、次のような言葉をいただいた。

TQM(Total Quality Management)は
組織を鍛え、人を育て、モノづくりの心を育てる
「産業人の指針」です

　TQMの有用性、そしてTQMに対する経営者の想いが感じられる言葉である。この言葉からも、トヨタ躍進のベースにTQMがあったことに疑いの余地はないだろう。

　さて、話を研修に戻す。すべての従業員がそれぞれの立場でPDCAを回すためには、基本的な知識を習得するための教育と、実践を通じて経験知として体得する場の設定が不可欠となる。「どのようにして、トヨタがこうした教育・研修を実施してきたのか」について筆者の体験をベースに紹介してみよう。ここでの前提は大学卒・高専卒の事務員、技術員とよばれる将来の管理職、経営幹部となることを期待された社員を対象とした研修である。

　なお、筆者が最初の研修を受講してからすでに40年近く経過しているが、「改善する・問題を解決する」ということを大事にする意識には、今も昔もまったく変わりがない。そのため、古い話で恐縮ではあるが、あえて自身の体験を著すことにした。

　1977年4月の入社式の後、約1カ月の集合研修があった。このなかで品質管理の基本の教育もあったと思うが記憶に定かではない。その後、約3カ月間の販売実習があり、新入社員は全国の販売店に分かれてセールス業務を経験した。続いて工場での作業実習が約3カ月あり、11月になって各職場に配属さ

---

(2)　豊田章一郎：『品質月間テスト No. 401　モノづくりは、人づくり』(品質月間委員会、2014年)

れた。職場では、最初に配属実習があった。先輩について実験・評価などの試験を行い、その結果をレポートにまとめ、翌年３月に部長の前で発表した。その後は、人事部門が主催する階層別研修のなかで、問題解決の実践に取り組み、Ａ３用紙１枚の資料にまとめることを行ってきた。主な研修の内容を整理すると以下の(1)〜(4)のようになる。

(1) 中堅社員基礎研修(略称:「中基」)

入社３年目の社員を対象とした入社後初めての階層別研修である。職場での仕事にも慣れ、今後実務の中心となる中堅社員としての活躍が期待されていた時期に受けた研修であり、改めて仕事の基本を学ぶ場として設定されていた。研修の全体像はよく覚えていないが、仕事の進め方に関する内容が中心だったと思う。受講生はチーム別に編成され、さまざまな部門から集まったメンバーで構成されていた。また、各チームには一つ上の階層(当時は係長クラス)から選出されたアドバイザーが一人配置され、チーム内の討議をリードしていた。

研修はいくつかの単元から構成されていたが、問題解決研修がその中核になっていた。約半年に及ぶ研修期間を通して、受講生は事前に登録したテーマで自身の問題解決に取り組んだ。この研修で、筆者はＡ３用紙のレポートを２枚仕上げて提出している。表題は「問題解決(前半)」と「問題解決(後半)」であったが、登録したテーマを２回に分けてまとめ、それぞれについて受講生とアドバイザーによる発表および討議の場が設定されていた。

筆者が提出したレポートの構成は、以下のとおりである。

- 問題解決(前半)
  - Ⅰ．事実の確認
    - [1] 背景、[2] 問題の発見、[3] 問題の重要性
  - Ⅱ．原因追究
    - [1] 原因の層別、[2] 原因の重点指向
- 問題解決(後半)
  - Ⅲ．対策の立案と評価

　　　　［1］目標（基本方針）の設定、　［2］対策の立案と評価、
　　　　［3］対策の過程決定計画図の作成、　［4］今後の進め方
　概ね、問題解決ステップに沿った内容であった。当時は、それほど意識して
いたわけではないが、いま見返してみると、問題解決の基本の型について、あ
る程度理解していたようである。なお、必ずしも対策案をすべて実施するので
はなく、その評価だけで終わっても可とされていた。単に講義を聴くだけでな
く、こうしたまとめを通じて、問題解決の実践力を高めていったのである。

　さらに職場では、先輩や直属の上司（係長）が、いわゆる OJT でその都度
テーマ指導をしてくれた。デミング賞受賞からすでに15年が経過していた
が、先輩・上司も同様の教育を受けてきたため、問題解決は共通の価値観およ
び共通言語としてすでに職場に浸透・定着していたのである。また、研修終了
後には各職場での発表会も実施された。受講した同じ職場の数名が、職場の長
（部長）の前で問題解決の実践の結果を報告するというものである。発表資料は
Ａ３用紙１枚で、発表時間は10分±１分という指定があり、筆者も何回か資
料を書き直したり、発表練習をして、とても緊張したことをよく覚えている。
当時は、すべて鉛筆による手書き資料だったため、書き直しにも多くの労力を
要したが、今となっては良い思い出である。

　中堅社員基礎研修は、入社後初めてとなる実践的な問題解決研修であった。
この研修を経て、多くの受講生が職場の中核として重要な役割を担っていくこ
とになったのである。

⑵　**中堅社員特別研修（略称：「中特」）**
　係長昇格前に実施される本格的な階層別研修として位置づけられていた。数
年後には部下をもつ立場として、職場のまとめ役となることが期待されている
入社８年目の社員が対象であった。筆者が受講したときの開講時のオリエン
テーションで、当時の人事担当役員が講話した内容の記録が残っていたので、
以下にその発言の一部（要点）を引用する。

　「部下をもつ立場になる直前にあり、勉強をし直す時期に来ました。今回の研修の目的は、①しっかり仕事ができるようになることが第一、②人を育てる力が自分にあるのかを考えること、の2つです。これらがどういうことかを、この研修を通じて気づいていただきたい。また、会社とは自分にとって何なのかを考える時期でもあります。トヨタは人を育てることを大切にしています。会社に対して自分は何ができるのか考えてください。」

　トヨタの人材育成に関する基本的な考え方は、30数年前から今日に至るまで変わっていない。「仕事ができる」とは、「PDCAを回すことができるようになること」であり、「人を育てる力」は、「それぞれの職場で問題解決の実践を通じてOJTにより部下を育成すること」に他ならない。トヨタの人を大切にする経営は、TQMの実践そのものといえる。

　「中基」のときと同様に、研修は班別の編成となり、それぞれにアドバイザー（課長級）が配置され、以下の4つの単元から構成されていた。

　　単元Ⅰ：トヨタを取り巻く経営環境とその対応
　　単元Ⅱ：職場の現状とその対応
　　単元Ⅲ：リーダーシップ
　　単元Ⅳ：問題解決

　受講した当時はまったく理解していなかったが、この4つの単元は、マネジメントの全体像そのものであり、単元ⅠからⅢまでは問題を解決するための前提の議論であり、問題の発見やその共有につながるものである。単元Ⅳの問題解決は、この研修のコアとなるものであった。研修の目的は、受講者自身の問題解決力を向上させるのと同時に、受講者が部下をもつ立場になった際には、OJTを通じて部下の問題解決力を向上させる能力をもたせることにもあった。

　受講生はそれぞれの単元ごとに、自分の考えをA4のレポート用紙6〜8枚程度にまとめることを求められた。さらにこれとは別に、発表用資料としてA3用紙1枚にまとめなければならなかった。研修は、4つの単元からなり、記述したトータルのボリュームは相当であったことは想像してもらえるだろう。

さらに、すべて鉛筆による手書きなので、その労力は相当なものであった。

　筆者が実際に作成した単元Ⅳ（問題解決）のＡ３資料が残っていたので**図 4.1**に示す。すべて手書きの時代のものであり、まだ入社８年目に作成したあまりできの良くない資料である。本来なら、とても世の中に公表できるようなものではないのだが、「当時どのようなまとめを行っていたのか」というアウトプットイメージだけでも共有できるようにすべく掲載した次第である。

　この資料（**図 4.1**）のテーマは「品質の早期確保による工程整備工数の低減」であり、新製品の生産準備業務の効率化をとりあげたものである。全体の流れは以下のとおりである。

　　　Ⅰ：職場の概要、　Ⅱ：問題の発見、　Ⅲ：目標の設定、　Ⅳ：要因解析、
　　　Ⅴ：対策の立案と実施状況、　Ⅵ：効果の確認、　Ⅶ：苦労した点と今後の
　　　進め方

　概ね問題解決ステップに沿ったものとなっているが、標準化と管理の定着については言及していない。なぜなら、研修期間内で対策がすべて完了することは極めて困難なため、今後の進め方のなかに含めたからである。

　この研修は、「問題解決のまとめ」で終了するが、「中基」と同様に職場での発表会が実施された。研修は係長級に昇格するための選抜教育の位置づけでもあったため、受講生の意識も高く、その教育効果は大きかった。また、Ａ４サイズのレポートやＡ３サイズの資料を数多く作成したことで、頭の中を整理し、より論理的な思考ができるようになった。さらには、第三者に自分の考えを伝えるための訓練にもなった。受講生の多くは、子育て世代のため公私ともに忙しく、筆者もしんどい思いをしたが、その後の会社での仕事のベースが、この研修で養われたといえる。今振り返ると「中特」は、TQM 研修のまさにメインコースであったのである。

⑶　SQC 研修

　「中基」「中特」研修の目的は、主に問題解決力を養成することにあった。この研修で問題解決の考え方やステップを学んだので、あとは、問題解決ツール

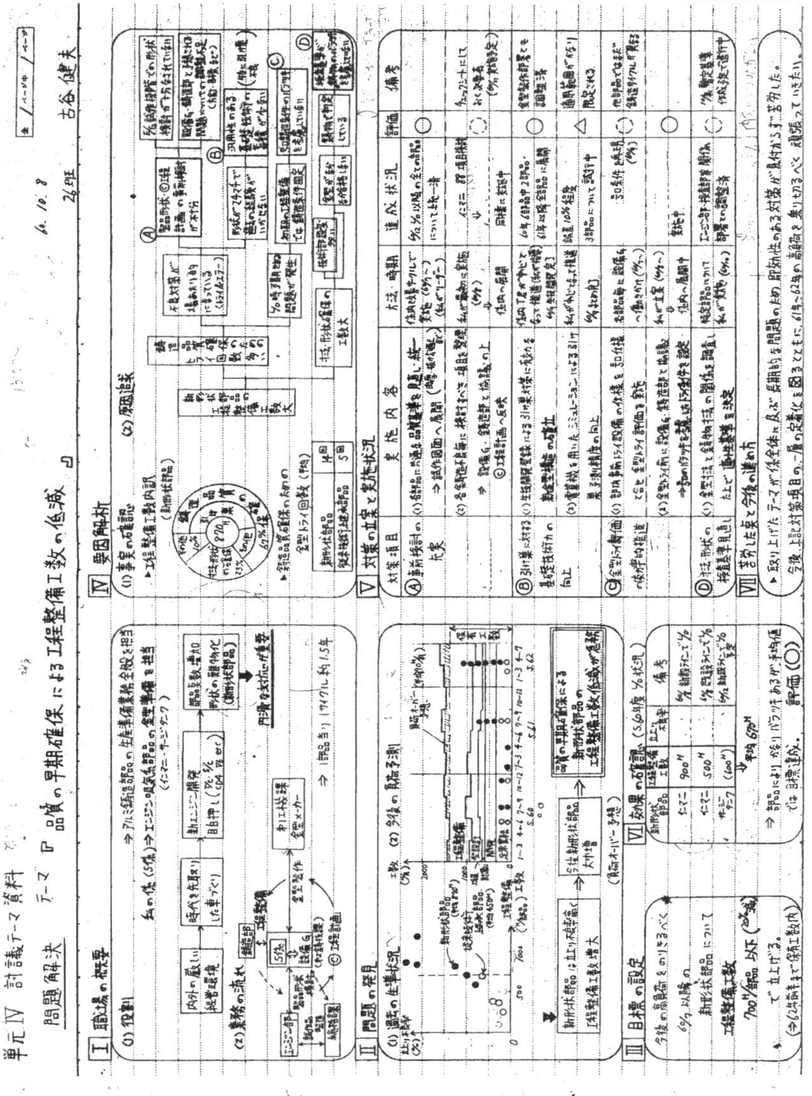

図 4.1 A3資料の例(1985年 筆者作成)

について学ぶ必要があった。問題解決ツールの研修は、階層別研修とは別に、SQC（Statistical Quality Control）研修として展開されていた。SQC は統計的な考え方をベースとした各種解析手法であるため、主に係長以下の技術系の社員（技術員）を対象としていた。

　筆者が受講した SQC 研修の一つに実験計画法があった。そのときの講師は、品質工学（タグチメソッド）を提唱したことで有名な、田口玄一先生であった。先生の著書『実験計画法　上』および『実験計画法　下』（2 冊とも丸善）を教科書としてトヨタの研修所で学んだのだが、あまりにも難し過ぎて、ほとんど理解できなかったことをよく覚えている。当時は、まだ田口先生が世界的に有名になる前のことでもあり、今にして思うと、もっと真剣に学んでおくべきだったと後悔すること大である。

　その後、日本科学技術連盟のベーシックコースを受講する機会に恵まれた。毎月 1 週間（5 日連続）東京に泊まり込んで、半年間、延べ 30 日に及ぶ本格的な品質管理の研修を行うという内容である。ここで学んだことは数多く、その後の仕事や現在の立場になってからも大いに役立っている。貴重な機会を与えてくれた当時の上司や関係者に今でも感謝している。

　SQC 研修の成果は、毎年開催される職場ごとの発表会で報告することになっていた。もちろん、筆者も職場（部）の発表会で SQC を活用した改善事例を報告したことがある。ここでも、A 3 用紙 1 枚にまとめることが求められた。SQC は問題解決のツールであるから、当然といえば当然だが、日常のなかでA 3 用紙 1 枚にまとめることが、しっかり根付いていたのである。なお、実際の発表は OHP（Over Head Projector）を使って行われていたため、発表用の資料と A 3 用紙の資料の 2 つがセットになっていた。

　今風にいうとパワーポイントの発表用資料に加えて A 3 用紙の資料を作成していたことになるが、今なら、ほとんどの場合パワーポイントだけで済ませてしまうだろう。抄録としてまとめることはあっても、A 3 用紙 1 枚でまとめることは、ほとんど行われなくなっているのではないだろうか。しかし、筆者の経験では、現状を見える化したうえで問題を設定し、要因解析から対策立案ま

での流れを整理するための最も有効なまとめ方が、Ａ３用紙の資料である。こうすることで論旨の一貫性が担保され、第三者に対しても説得力が増して納得感も高まる。そのため、問題解決に向けて関係者のベクトルが揃い、部署間の壁も取り除かれて、今後の対策も比較的容易に展開できるようになる。したがって、対策の効果も期待でき、その結果として問題の解決に迫っていくことができるのである。

　SQC は問題解決のツールであるため、その活用は問題解決そのものへとつながる。したがって、まずはＡ３用紙１枚によるまとめの資料を作成することが望まれる。そのうえで、発表の機会があれば、パワーポイントをＡ３資料に沿った形で作成して欲しい。あくまでも問題を解決することが目的であり、"見える化"ではない。まして、"見せる化"のためだけの資料づくりは、厳に慎まなければならない。

　その後、筆者は、職場(部)の発表会で部の代表に選ばれた。次のステップは部門(当時の筆者は生産技術部門に所属)での発表会である。各部から選出された代表事例による発表会で、このなかから全社発表会で発表する優秀事例２件が選出された。残念ながら筆者は選出されなかったが、このときの経験で得たものは大きく、SQC を活用した問題解決の実践への理解を深めることができた。

　現在、トヨタでは、SQC の研修を、基礎・初級・中級・上級に分けて展開している。これらは、これからも問題解決に役立つ研修として、継続していかなければならない。

⑷　**管理者研修**
　係長に昇格後は、節目ごとに管理者研修があったが、ここでもＡ３用紙１枚へのまとめが課せられた。ちなみに、1970 年代の終わりに全社展開された管理者能力向上プログラム(略称：管プロ)のアウトプットも、Ａ３用紙１枚へのまとめであった。近年、研修の形態が変化して、グループ討議による演習が多くなった。そのため、研修のなかで個人のまとめにもとづいた討議はほとんど

行われなくなってしまったが、研修のなかでは、個人のテーマを職場で実践する取組みが徹底されている。このように、年代によって管理者研修の内容に変遷はあるものの、いつの時代においても、一貫して各自（職場）の問題を解決することが求められているのである。

(5)　まとめ

以上、筆者の体験にもとづいてトヨタの問題解決研修を振り返ってみた。現在では、研修の名称や内容は見直されているが、問題解決がベースになっていることに変わりはない。これは、これから先も変わることはないだろう。トヨタでは、新入社員から管理者に至るまで、問題解決の実践を基軸とした研修が継続して展開されている。このことが、TQM 推進の原動力となり、環境の変化に柔軟に対応できる企業体質づくりに貢献していると考えられる。

問題解決力は理屈を覚えただけではまったく身につかず、当然、役にも立たない。実践を通じてこそ、初めて身につき、力をつけていくことができるのである。また、このことを半世紀以上にわたり愚直に繰り返し、実践してきた会社がトヨタなのである。

4.3　医師に対する問題解決研修

(1)　ASUISHI プロジェクトへの参画

ASUISHI（あすいし）とは、名古屋大学大学院医学系研究科が 2015 年 10 月から事業として展開している「明日の医療の質向上をリードする医師養成プログラム」の略称である。

ASUISHI は、2014 年に文部科学省が募集した「課題解決型高度医療人材養成プログラム」に応募し、採用されたものである。このプログラムは、文部科学省の Web ページ[3]によると、「高度な教育力・技術力を有する大学が核となって、我が国が抱える医療現場の諸課題等に対して、科学的根拠に基づいた医療が提供でき、健康長寿社会の実現に寄与できる優れた医師・歯科医師・看

護師・薬剤師等を養成するための教育プログラムを実践・展開する大学の優れた取組を支援します。」とあり、災害医療、医学教育等いくつかの領域で応募がなされた。このうち、「(1)横断的な診察力とマネジメント力の両方を兼ね備えた医師養成　・医療の質管理領域(医療安全・感染制御)」で取り組むことになったのが、ASUISHI 事業である。

　このとき、申請書の取りまとめを行ったのは、当時名古屋大学医学部附属病院(以下、名大病院)医療の質・安全管理部副部長であった安田あゆ子先生(以下、安田先生)である。ここでは申請書の内容を振り返ることで、「安田先生の問題意識がどこにあったのか」を共有しておきたい。まず、事業の全体構想に関する記述を以下に紹介したい(**太字**は筆者による)。

【テーマに関する課題】

　実効性のある患者安全の取り組みには、臨床を熟知し、現場の多様な課題を粘り強く解決する能力に長けた中堅医師の参画が不可欠である。また、**業務の標準化や指標の測定といった、いわゆる質管理の手法の導入が患者の安全性の向上に寄与する**とされ、それらの視点やスキルを併せ持つリーダー医師の育成が望まれる。しかし、大多数の医療機関ではその双方の能力を有する医師は存在せず、教育の機会もない。一方、**我が国の産業界には先進的な品質管理の手法が存在し、国際的にも高く評価されてきたが、日本の医療現場に教育として直接導入し、実効的成果を収めた成功例は乏しい。**患者安全のため、医療界と産業界が協力して新しい管理者医師の人財を養成すること、それらの人財が連携し、我が国の医療の質を向上させていく取組みが求められる。

【事業の概要】

- 附属病院内に、①医療の質向上と患者安全を担う医師養成事業と、②履

---

(3)　文部科学省 Web ページ：「課題解決型高度医療人材養成プログラム」(http://www.mext.go.jp/a_menu/koutou/iryou/1346835.htm)

修者の所属医療機関をつなぐ人財ハブ事業を担うセンターを設置する。

- 教育プログラム(140時間の講義、実習)を作成し、受講者の確保、管理、履修認定などを行う。医師養成は、附属病院内の医療基盤部門(医療の質・安全管理部、中央感染制御部、メディカルITセンター、先端医療・臨床研究支援センター、卒後臨床研修・キャリア形成支援センター)が連携、協働する。**質管理教育に関しては、トヨタグループ、中部品質管理協会と提携して行う。**現場の医療者に対応できるよう、遠隔受講システムを導入する。
- 履修者(受講生)が勤務する施設の基盤部門と実務を共有し、業務への助言や危機管理相談等を可能とする遠隔会議環境を整え、履修者のキャリア支援など、人財ハブセンターとしての機能を拡張していく。

　名大病院では、2006(平成18)年から医療の質向上への取組みを本格的に推進していた。そして、その5年後の2011(平成23)年には、医療安全の専門家や専従医師が着任して、国内最高水準の医療安全体制の構築を目指したのである。さらにその翌年の2012(平成24)年に、トヨタに対して協力の要請が行われた。

　トヨタ側は要請を受け、当時TQM推進部主査であった筆者が窓口となり、2012年8月、名大病院で安田先生と面談した。これがASUISHIの始まりとなった。そのときの面談記録が残っているので、以下に要点を記しておく。

【安田先生の問題意識】

- 医療の質を向上させる取組みを強化するため、昨年「医療の質・安全管理部」の陣容を充実させた。専任スタッフは、教授1名、医師1名、看護師2名、弁護士1名、事務職員6名、の計11名。
- 医療にはどうしてもリスクが伴う。このため国の指導もあり、インシデントの報告を奨励している。事実を隠さず情報を共有することが基本である。名大病院は他の病院との比較では、インシデントの報告件数が多

く（年間約 9,000 件）、報告文化の定着を目指している。

- インシデント情報はすべて医療の質・安全管理部に届くが、緊急のものも多く、その対応に追われている。応急処置で終わり再発防止まではなかなかできていない。「どうすれば現状を改善できるのか」を部内で検討しているところだ。

【筆者からのコメント】
- 品質では、一人ひとりの意識が重要となる。病院にはさまざまな職種の方がいるので、皆が同じ思いで質向上に取り組むためには、ものすごいエネルギーが必要となる。病院長の強力なリーダーシップが求められていると思う。
- 病院内で発生していることを事実データで示し、「どの立場の人も問題を問題として認識できるようにすること」が第一歩と思う。現状を放置しておくと「同じ問題が再発する」「大きな損害が生じる」など、「今の問題を何とかしなければ」と思ってもらうことが不可欠である。
- 上記の問題のなかから、関係者でチームを編成して取り組む必要のあるものについては、テーマ活動として取り組む。それは、それぞれのミッション・役割およびタスクの明確化から始まる。

　問題意識を共有できたことの意義は大きかった。この面談後、トヨタからTQM の取組み内容を名大病院の関係者に紹介する場や、トヨタ訪問による工場見学や実際の現場の取組みを紹介する場を設けるなど、交流を深めていくことができた。その後の経緯は省略するが、こうした交流の継続が、「明日の医療の質向上をリードする医師養成」プログラムの構想に結びついていったのである。

　2015 年 5 月には、プログラムのほぼ全体像が見えてくる段階になり、プレスへの発表とともに、第 1 期となる受講生の募集が始まった。2015 年 5 月 17日付の中日新聞に概要が掲載されたので、以下にその一部を紹介する。

　「トヨタ流の「カイゼン」を医療の世界へ──　相次ぐ医療現場での事故を受け、名古屋大学医学部（名古屋市昭和区）は、トヨタ自動車と連携し、同社の品質管理や人材育成のノウハウを病院での治療に取り入れ、不測の事態が起きても適切に対応できる専門医養成に乗り出す。全国の大学病院なども参加する医療安全のハブセンター（中心拠点）を目指す」

　「名大病院医療の質・安全管理部の安田あゆ子副部長は「トヨタの改善の目線が病院組織を変える」と強調する。
　医師でもある安田副部長によると、生産工程で異常を発見した際すぐに止まり、不良品がどの工程で出たか明確にするトヨタの品質管理は、すでに欧米で広く医療に応用されているという。一方で「何か問題が起こったときに病院が組織としてどう振る舞い、責任を果たすのか。原因を突き止めなくてはいけないのに、国内の医療機関でそのシステムができていない」と指摘する」

　こうして ASUISHI は、医療界にデビューしたのである。

⑵　プログラム構成

　図 4.2 に、ASUISHI 実行委員会が約半年に及ぶ検討の結果、まとめたカリキュラムの構造概念図を示す。「患者安全」「感染制御」「質管理」のそれぞれの位置づけを示したものだが、「質管理」における「問題解決」が、その中心にある太い幹となっている。この幹の下部から上部に向かって、問題解決のステップが示されているのである。
　受講生は、半年の研修期間において、自らの問題の解決に取り組む。このことが、今回のカリキュラムの最大の特徴であり、名大病院とトヨタが連携したことで初めて実現できた。
　ASUISHI 第 1 期の問題解決研修の詳細を表 4.1 に示す。
　2015 年 10 月 9 日に第 1 回の研修を開催して、2016 年 3 月 24 日の第 6 回を最終まとめの発表会として、締めくくることにした。発表は産業界で行ってき

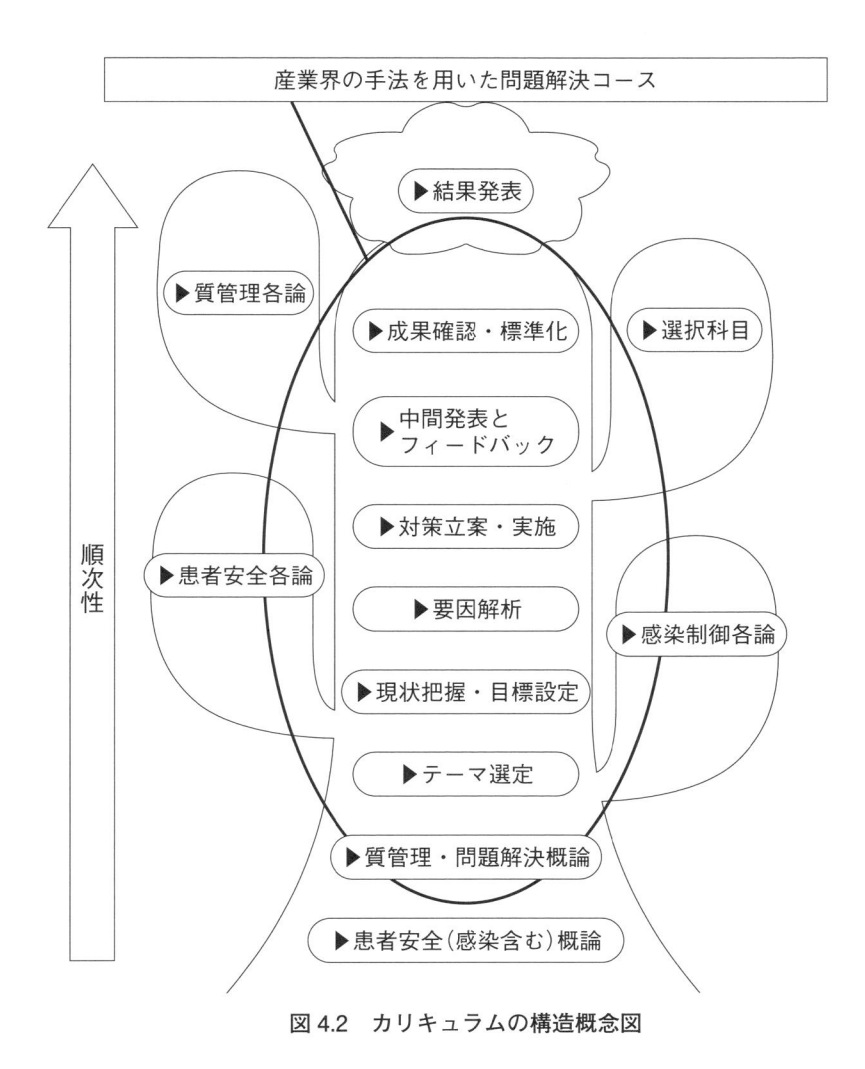

図 4.2 カリキュラムの構造概念図

た社員研修に準じてＡ 3 用紙 1 枚のみによる発表とした。また、発表時間も一人 8 〜 10 分と制限を設けることとした。

　それぞれが取り組むテーマについては、以下のような案内を受講生に発信して、事前に「テーマ名」と「選定理由」をまとめてきてもらった。これは受講生を送り出す病院のトップも含めて、これからの取組みを病院内で共有しても

表 4.1　ASUISHI 第 1 期　問題解決研修

回数	日付	主な内容	宿題
1 回目	2015 年 10 月 9 日 （3 時間）	問題解決概要講義（全体・1 時間程度） 各自の事前選定テーマの確認（班ごと）	テーマの選定 現状把握
2 回目	11 月 4 日 （3 時間）	テーマの選定・現状把握を発表（班ごと） 　⇒テーマの確定	目標設定 要因解析
3 回目	12 月 7 日 （3 時間）	目標設定・要因解析を発表（班ごと） 　⇒対策案の検討	対策内容と実施計画
4 回目	2016 年 1 月 14 日 （3 時間）	前半（P）のまとめを発表（全体・一人 10 分） 　⇒振り返りと新たな気付き	P の見直しと対策の実施
5 回目	2 月 4 日 （3 時間）	対策実施状況の発表（班ごと） 　⇒効果の確認（見通しも含めて）	A 3 レポート
6 回目 修了式	3 月 24 日	まとめの発表（全体・一人 10 分）	―

らうことにも役に立った。

　「10 月の開講の前に、事前にそれぞれの解決すべきテーマを登録していただきます。選定に当たり考慮すべき点は以下のとおりです。

①　同じことが繰り返し発生している問題のなかで、貴院にとって重大な影響を及ぼしていて、解決が急がれているテーマ、もしくは、今後の病院経営において、このまま放置しておくと、いずれ重大な問題を引き起こすことが予想されるテーマ

②　貴職場の関係者（上司、前後工程など）がそのテーマに取り組む必要性を認識して解決に向けて協力が得られるテーマ

③　期間としては、来年の 2 月末までに解決（もしくは解決の目処）に至ることができる見込みのあるテーマ

④　テーマ名は「(対象)における(何を)の(どうしたい)」で表現する」

　こうして、第1期生として全国から参集した12名の医師に対する問題解決研修が、2015年10月、名大病院にてスタートした。受講生4名に対して各1名とした講師は、筆者およびトヨタとトヨタグループのOBの3名とした。図4.3は、本研修のイメージをよく表している。

(出典)　日本経済新聞(2015年11月15日朝刊)

図4.3　ASUISHI 研修の流れ

(3)　研修結果

　ここでは ASUISHI 第 1 期の研修を振り返ってみよう。研修が始まる直前まで、病院の医師に産業界で培ってきた問題解決の考え方・手法などが、本当にそのまま適用できるのかどうか、筆者には大きな不安があった。そもそもテーマ名を見ただけでは、「何が問題なのか」が、講師側には理解できないものも多くあり、専門用語など医療特有の用語も散見された。

　第 1 回目は、主に「現状がどうなっているか」という問いかけを数多く行って、受講生から説明を受けるようにした。この際に、同席した名大病院のメンバーや他の受講生からも「ここはどうか」「こうすればどうか」など、専門的な質問やアドバイスが出て、議論を深めていくことができたことは良かった。さらに、こうしたやりとりを通じて、総じて漠然としていたテーマだったのが、具体的に解決すべき問題として見えるようになってきた。いわゆる「問題の絞り込み」ができた証拠である。この段階で、テーマの見直しを検討する受講生もいた。そして、1 回目の議論を踏まえて、次回 2 回目までの宿題として、改めて「テーマの選定」と「現状把握」についてまとめることになった。

　2 回目の研修は、1 回目の約 1 カ月後となった。宿題の結果報告を経て、テーマの見直しが行われたケースもあったものの、ほぼ全員がテーマを確定することができた。また、現状の姿がある程度明確になったため、目標設定と要因解析へと議論を進めていくことができた。

　目標設定では、「患者の立場からは決してあってはならないこと、例えば「患者誤認」というテーマの目標をどうするのか」が、大きな議論となった。「患者誤認」とは、文字どおり病院関係者が患者を取り違えて処置をしようとしてしまう、もしくは実際に処置をしてしまったことを意味する。重大な問題を引き起こす事態に直結するため、あってはならないことである。ところが、このテーマを取り上げた受講生の病院では、年間数十件のインシデントが報告されていたため、受講生の最初の目標設定は「患者誤認を半減したい」というものであった。しかし、産業界ではクレームや不良はゼロが基本である。そのため、「目標設定が甘い」という指摘が講師からなされた。TQM の基本的な

考え方の一つが「お客様第一」であり、目標はお客様(この場合は患者)の立場から決定されなければならず、自ずと「患者誤認の撲滅」が目標となったのである。

　医師(受講生)の立場からすると、どうしても現在の状態の延長線上でしか物事が見えてこない。これはどの分野でも同じだが、過去に対策に取り組んできたテーマであれば、なおさら現実的な判断が優先されてしまうのである。「患者誤認の発生をゼロにすることなどあり得ない」と思っていたところに、講師から「患者誤認の撲滅であるべき」と指摘されたことは、大きなショックだったと思う。ASUISHI では、多くの場合このような目標設定が行われ、今までの意識を変革していくことを求めたのである。このことが、この研修の大きな意義の一つとなった。

　要因解析でも、手応えが得られた。ここでは講師側から「それはなぜか」「他にはないか」などの問いかけが連発された。受講生がそれらの質問に答えていくなかで、今まで考えていなかったこと(要因)が出てくることもあった。また、現状把握のときと同様に、同席した名大病院のメンバーや他の受講生からも、貴重なアドバイスがあり、いわゆる真の原因(真因)に近づいていくことができた。

　ある受講生は、ASUISHI を振り返るなかで次のようにコメントしている。

　「問題解決のための考え方、スキルを初めて学び、戸惑うところが多かった。要因解析の場面で、これまで話をしたことのなかった病院の部署のスタッフの意見を伺い、今まで自分が想像したこともなかった話(職員の意識)を聞くことができた。現場の声に耳を傾けることの大事さを痛感した。トヨタ式現地現物主義の優れた点を実感できました。」

　ASUISHI 問題解決の要因解析では、考えられるすべての要因について、その掘り下げを受講生に求めていく。したがって、必然的に病院内の多くの部署や関係者を巻き込んでいくことになるのだが、医師である受講生が今まで思い

もよらなかった事実と向き合うことになったのである。病院では医師だけでなく、看護師、薬剤師、検査技師、医療事務職など、さまざまな職種の人々が働いている。ところが、こうした職種間の連携は極めて弱いといわれている。例えば、病院内で QC サークル活動を展開しているところは多い。しかし、そのほとんどは看護師のみによって構成されており、医師が関与しているところはほとんどない。また、改善の対象も、ごく狭い範囲に限定されている。

このような現状に照らすと、今回の ASUISHI 問題解決の取組みは、まさに画期的だったといえる。医師が中心となって、病院として本質を突いた重要な問題を取り上げ、病院内のさまざまな職種の人たちと連携することで、その解決につながる真因に迫っていくことができたのである。

第 2 回の研修後に、宿題として目標設定と要因解析のまとめが行われた。ここで、要因解析までのステップで「どのような問題解決ツールが活用されたのか」を発表資料から見てみよう。

要因解析に用いられる手法としては、特性要因図の活用が目立った。第 1 期生 12 名のまとめの資料では、12 名中 9 名(75%)が要因解析の欄に特性要因図を記載していた。参考に、他のステップも含めて、問題解決ツールの活用状況を**表 4.2** に示す。ここで改めて問題解決ツールの有効性が確認できた。

また、**図 4.4** に、「患者誤認」をテーマとした事例の特性要因図を示す。医師だけでも、看護師だけでも、描くことのできない、病院全体の特性要因図がここに誕生したのである。

第 3 回の研修では、要因解析の結果を踏まえて、主に対策立案の検討が行われた。ここでは、対策案の選定とその実行計画を示さなければならない。したがって、「誰が(Who)」「いつまでに(When)」「どこで(Where)」「何を(What)」「どのように(How)、実施するのか」「それはなぜ(Why)実施しなければならないのか」といった内容を明確にすることが重要となる。いわゆる 5 W 1 H である。しかし、ここでも大きな壁が行く手を遮った。

今回の研修では、受講生が主体的に取り組むことで、問題の解決に至ることが期待されている。したがって対策の実施も、受講生自らが病院内のさまざま

表 4.2 問題解決ツールの活用実績

活用した問題解決ツール	活用した受講生の人数（12名中）	主な問題解決ステップ
棒グラフ	10 名	現状把握、効果確認
特性要因図	9 名	要因解析
パレート図	5 名	現状把握
円グラフ	3 名	現状把握
折れ線グラフ	3 名	現状把握
散布図	2 名	現状把握
（その他）業務フロー図、親和図	各 1 名	要因解析

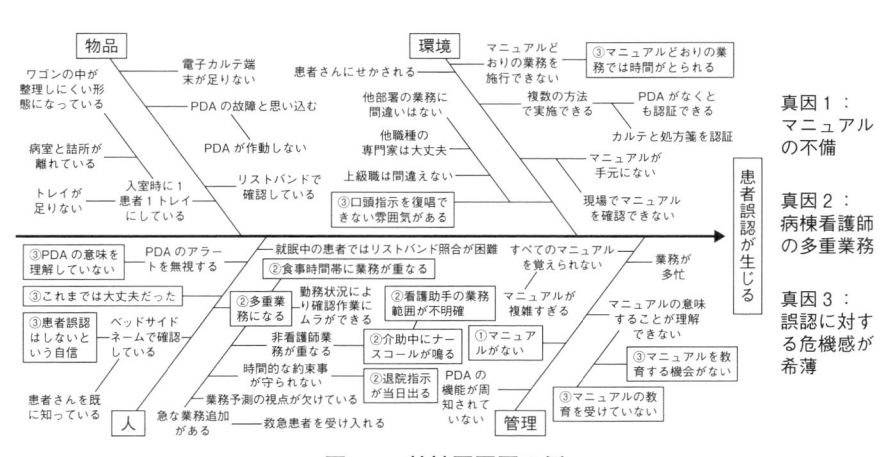

図 4.4 特性要因図の例

な現場に出向いて、自らの手で実施することが望ましい。しかし、一人でできることには自ずと限界があることも事実である。真因が明らかになっても、そこに何らかの対策を施そうとすると、病院内のさまざまな人たちとの連携が必要となる。特に、病院のトップが理解してその実行を承認しなければ、何も動かないことが多い。これは、企業においても同じである。

　第1期の受講生の対策案のなかにも、多くの関係者の協力を必要とする実施事項があった。病院として重要な問題の解決であるから、当然のことだともいえる。しかし、「副院長のところに相談にいったが、時期尚早との判断で、提案した対策案は実施困難となってしまった」という受講生もいた。これは、対策案そのものを否定しているのではなく、その実施に伴う自分も含めた周囲への影響を懸念した結果と考えられる。おそらくこの副院長は、自ら改善を実施した経験があまりなかったのではないかと思われる。改善の経験のない人は、何かを変えようとするとき、できない理由ばかりが思いつき、「どうしたら実行できるのか」という視点で物事を捉えにくくなりがちである。これを解消するには、自らの手で改善の経験を蓄積していく以外に方法はない。そうした意味でも、この ASUISHI 問題解決研修の果たすべき役割・意義は、計り知れないほど大きなものといえる。

　第4回の研修は、中間発表会とした。3回目までの研修と宿題の内容をA3用紙1枚にまとめて、一人8分の持ち時間で発表した。**図4.5** に中間発表のフォーマットを示す。

　問題解決のステップとしては、テーマ選定から対策立案までとなる。PDCAではPの部分に相当する。また、対策立案では、前述の実行計画を作成して明記し、そのうえで今後の進め方を記載した。対策実行に当たって、障害となることや関係者への協力要請などである。

　中間発表会を設けた理由は概ね以下のとおりである。

- 対策案の妥当性を確認するため、今までの検討内容を整理して論旨が一貫しているかを確認する。
- 他のグループが発表した内容を共有することで、新たな気づきを得る。さらに、それぞれの進捗状況が明確となるため、研修の後半戦に向けての動機づけとなる。
- 発表内容（A3）と発表時間（8分）に制約を設けたことで、取組み内容を第三者にわかりやすく伝えることの要領を体得する。

中間発表では、受講生に対して事前に発表練習をしてくるよう求めた。ベテ

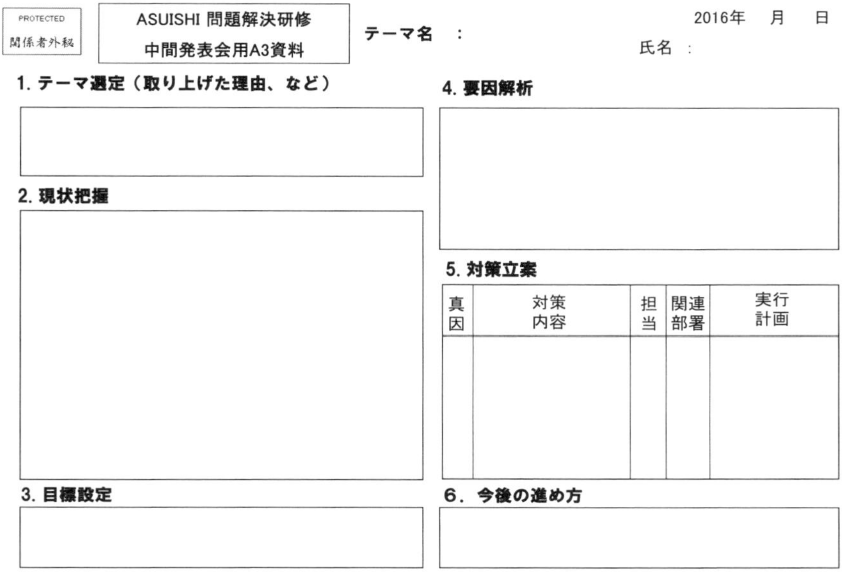
PROTECTED
関係者外秘

ASUISHI 問題解決研修
中間発表会用A3資料

テーマ名　：

2016年　月　日
氏名　：

1. テーマ選定（取り上げた理由、など）

2. 現状把握

3. 目標設定

4. 要因解析

5. 対策立案

真因	対策内容	担当	関連部署	実行計画

6．今後の進め方

図 4.5　中間発表会のＡ３フォーマット

ランの医師に対して、企業の新入社員と同じような扱いをして恐縮ではあったが、皆さんは真摯に対応してくれた。その結果、当日はすべてスケジュールどおりに進行できた。全員が与えられた時間で、それぞれの問題解決の内容を的確に伝えることができた。

講師の一人として、担当グループメンバーの内容は把握していたが、他のグループの受講生のテーマを聞くのはそのときが初めてだった。確かに医療の専門用語などがあるため、「詳細まで理解できたか」というと若干自信は揺らぐが、少なくとも「受講生がどのような問題意識をもって、今後どこを目指して何をしていくのか」は、明確に伝わってきた。ここに、Ａ３用紙１枚に自分の考えを整理する意義がある。Ａ３用紙１枚にすることで第三者に自らの考え方や意思を的確に伝えることができ、その結果、関係者の納得が得られやすくなる。問題を解決するための要素がすべて凝縮されるのである。

［中間発表における筆者の総評（一部）］

「今回まとめた資料を用いて、それぞれの病院内で、関係者に説明して内容を共有して欲しい。これからは対策実行のステップが中心となるが、関係者の理解が得られることで、より積極的な協力や支援が期待できる。これは今回のまとめの目的の一つでもある。」

第5回の研修は、修了式（まとめ発表会）の前に行われる最後の研修である。まさにラストスパートとなって、対策実行の進捗状況と一部効果の確認が行われた。効果が認められた項目についてのみ、最終ステップである標準化と管理の定着に辿り着くことができるのである。また、新たな気づきから、対策案が追加されることもあった。この段階までくると、受講生間の進捗のばらつきが大きくなることはやむを得ないため、限られた時間で最善を尽くすことに集中した。

「約半年という限られた期間のなかでテーマを完了させ、まとめたものを発表しなければならない」という制約下では、一般的に大きなテーマは控えて、少し小振りなテーマを最初から選定する可能性が生じる。「病院として早急に解決しなければならない重要な問題は、その解決に大きな労力と期間を要することになる」という先入観があるからである。

はたして本当にそうであろうか。多くの場合、そこに誤解があると思われる。「問題とは何か」を原点に立ち返って考えてみよう。問題とは現状の姿と目指す姿とのギャップであり、目指す姿とは、お客様のニーズに応える価値を生み出している姿に他ならない。したがって、「何か問題がある」ということは、「何らかのギャップが存在し、お客様が満足していない状態にある」ということを意味している。このように捉えると、大きな問題とか小さな問題という捉え方には、まったく意味がない。すべての問題解決はお客様のためであり、お客様の不満足を解消することだけが求められる。

要因解析の結果、多くの要因が抽出され、対策内容も多岐にわたるケースがある。この場合、多くの関係者が協力して対策を実行しなければならず、この

状態を指して大きな問題(になった)ということはありうる。しかし、このような状態は最初のテーマ選定の段階では予測できず、あくまでも要因解析の結果として生じることなのである。

当初大きなテーマと思われていた取組みでも、要因解析を行ったところ真因が見つかり、適切な対策を施したことで、無事解決に至ったケースがあった。一方で、半年という期間を勘案して小振りな(と思われた)テーマを選定したところ、多くの要因が出てきて、対策に苦労したケースも多くあった。このようにテーマ選定は、一見した大小ではなく、その必要性から決定しなければならないのである。

こうして迎えた最終回(第6回)の研修では、受講生全員が、半年の取組み内容をA3用紙1枚にまとめて、一人10分で発表した。中間発表と同様に、資料は紙(1枚)のみで、映写や補助資料は一切ない状態とした(**図 4.6**)。

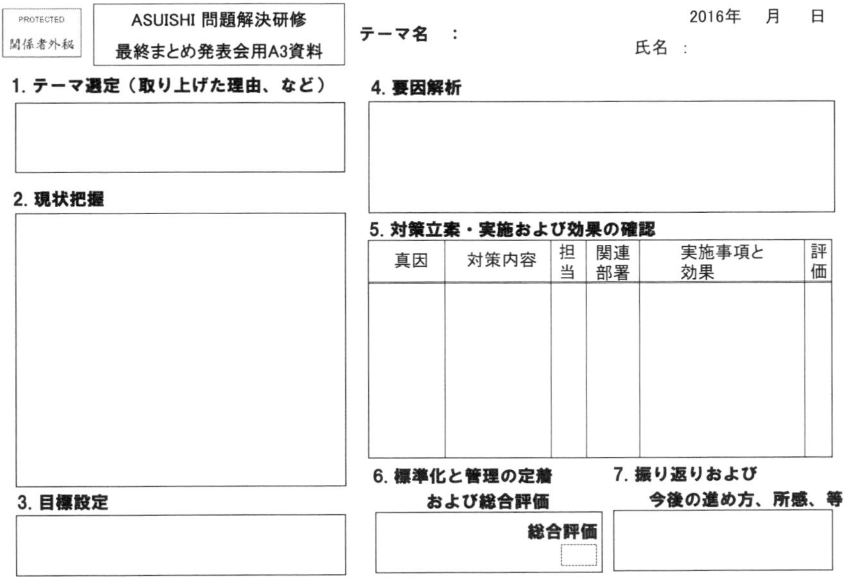
PROTECTED
関係者外秘

ASUISHI 問題解決研修
最終まとめ発表会用A3資料

テーマ名 :

2016年 月 日

氏名 :

1. テーマ選定(取り上げた理由、など)

2. 現状把握

3. 目標設定

4. 要因解析

5. 対策立案・実施および効果の確認

真因	対策内容	担当	関連部署	実施事項と効果	評価

6. 標準化と管理の定着および総合評価

総合評価

7. 振り返りおよび今後の進め方、所感、等

図 4.6 最終まとめのフォーマット

　中間発表で記載した内容にその後の進捗状況を追加して、問題解決のステップの最初から最後までをまとめることになった。特に後半にある対策の実施事項とそれぞれの対策効果の確認が重要となる。ここに、半年間の努力の結果が凝縮されてくるからである。対策案はいくつかあったが、「そのうちうまく展開できて効果が認められたもの」「展開はできたがまだ効果が現れていないもの」「展開がまだできていないもの」など、さまざまな結果となった。これらの結果をそれぞれ評価して評価欄に記載することにした。あわせて、総合評価欄を設けて、全体を通しての評価の記載も行った（表 4.3、表 4.4）。

　対策実施事項として取り上げた項目のうち、約 7 割が計画どおり展開できたことになる。その結果、総合評価でも、3 分の 2 の受講生が目標を達成できた。総合評価を△とした受講生についても、対策の展開が未だ道半ばであり、後の対策展開次第では対策効果が期待できるものばかりであった。当初の予想（イメージ）をはるかに上回る成果が、約半年の取組みで得られたのである。そのため、受講生だけでなく、ASUISHI プロジェクトメンバーにとっても大きな手応えを感じることができた場となった。

表 4.3　対策効果の評価

	評価レベル	対策項目数
◎	計画どおり対策を実施し、期待以上の効果が得られた。	10 項目（18.5%）
○	計画どおり対策を実施し、ほぼ期待どおりの効果が得られた。　　　　　　　　（達成率の目安 80%〜100%）	29 項目（53.7%）
△	一部、計画どおり対策が実施できなかった、もしくは期待どおりの効果が得られなかった。　　　　　　　　（達成率の目安 20%〜80%）	10 項目（18.5%）
×	ほとんど、計画どおりに対策が実施できなかった、もしくは効果が期待を大幅に下回った。　　　　　　　　（達成率の目安 20%以下）	3 項目（5.6%）
未	対策が未実施である。	2 項目（3.7%）
	計	54 項目（100.0%）

表 4.4　総合評価

評価レベル		人数
◎	目標を上回る期待以上の成果が得られた。	2 名（16.7%）
○	目標どおりの成果が得られた。 （達成率の目安 80%〜100%）	6 名（50.0%）
△	一部は達成できたが、未達成もある。 （達成率の目安 20%〜80%）	4 名（33.3%）
×	ほとんど成果が得られなかった。 （達成率の目安 20%以下）	0 名（0.0%）
	計	12 名（100.0%）

　特に講師の立場からは、「製造業を中心に培ってきた品質管理が、どこまで医師の問題解決に適用できるのか」、また「本当に役立つのか」といった懸念が、当初からつきまとっていたが、まさに「案ずるより産むが易し」のことわざどおりの結果になったといえる。

　筆者は、前著『“質創造”マネジメント』で、「問題解決はすべてのマネジメントの基本である」と主張したが、今回の ASUISHI の結果は、まさにそのことを裏づけている。日本が生み出した、QC ストーリー・問題解決のステップは、医師に対しても、何らアレンジすることなくそのまま適用できたのである。とはいえ、今回の取組みは、まだ、その入り口に辿り着いたに過ぎない。次に、今後の課題について考察しておきたい。

⑷　今後の課題

　問題解決研修の期間は 6 カ月である。PDCA サイクルを一回りさせることを体験するには、適当な期間と判断できる。研修の最終まとめの発表内容がそのことを物語っている。対策の効果確認で一定の成果が得られたものが多く、すべての受講生が PDCA サイクルを回して達成感を味わうことができたといえる。課題は、問題解決のステップの最後、標準化と管理の定着にあった。

　今回の研修期間では、大半の対策項目がその緒に就いたにすぎない。どのような対策も、質を向上させてその効果が認められても、そこで終わりではなく、改善後の状態を維持していく努力が求められる。人が変わっても、状況が変わっても、質を向上させた状態を保ち続けなければならないのである。

　これは生産現場においてもまったく同じである。今までにない素晴らしい改善をして、実施直後に効果を上げ、関係者からの評価が高かったとしても、その状態を維持していくことのほうが労力を要するケースが多くある。新たな作業標準を定めたうえで、誰もが標準を遵守できるような訓練も必要となってくる。いわゆる、SDCA のサイクルに移行して定着を図っていかなければならない。これを怠ると、すぐに元の状態に戻ってしまい、せっかく苦労して改善しても、無に帰してしまう。

　今回の受講生のケースにおいても、修了後しばらくは効果が出ていても、「半年、1 年と経つことで、その効果が小さくなってしまった」という報告が寄せられている。「研修後の対策の定着をどのようにフォローしていくのか」は、今後の ASUISHI 問題解決研修の大きな課題の一つと認識している。

　次に、講師側の課題について触れておく。今回は産業界出身の講師が、医師の問題解決の実践に対して、節目節目でアドバイスをすることで、その解決を目指した。したがって、何かを伝えたり教えたりする講師というよりはあくまでも助言のみで止めるアドバイザーとして位置づけられる。本研修の主体はあくまでも受講生なのである。

　問題解決や改善にほとんど取り組んだことのない人たちに対して、何も教えないのでは研修自体が成り立たないため、ASUISHI では問題解決のステップや考え方および問題解決ツールなどの基本的な知識を学ぶ機会を問題解決研修とは別に設けた。社会人(医師)としての経験が豊富な人たちを対象としているため、以前どこかで聞いたことのある内容も多くあったと思われる。しかし、そうであっても日本では学校教育も含めて品質管理を体系的に教える場がほとんどないため、断片的にあった知識を整理する機会にもなったと考えている。

　座学には限界があるため、ASUISHI では座学による知識習得は最小限に留

めて、実践を通して問題解決を体得するプロセスを重視した。これは、品質管理教育プログラムを検討する際に、十分考慮しなければならない点である。また、個々のテーマに応じて必要となる品質管理に関する知識は、その都度講師からのアドバイスで補う方針とした。

　以上を前提に、受講生に対する講師の立ち位置について考察したい。講師の存在意義がもっとも問われるのは、問題解決のステップにおける「現状把握」と「要因解析」である。現状把握では、「何が本質的な問題なのか」を炙り出すことが求められる。テーマ選定の段階では、受講生も朧気ながら問題を捉えていることが多いが、具体的に「何をどうしたいのか」が必ずしもはっきりしていない。そのため、講師側からいくつかの問い掛けがなされる。「どのような質を向上させたいのか」「そのレベルを表すことのできるものさしは何か」「現状はどのレベルにあるのか」などである。受講生は、これらの問い掛けに答えていく過程を通じて、今までにない視点で現状を捉えることになる。この過程で新たな気づきが得られる。同時に、質を表す特性値を明確にすることで、手持ちのデータを統計的に解析して、現状の姿を定量的に示すことも可能となる。

　この際、講師は「ここが問題だ」「それはこうすべきだ」「この手法を用いて現状を表すのがよい」などのように、受講生に対する断定的な物言いを慎まなければならない。受講生と講師の間には、暗黙の力関係が存在しているからである。講師のこうした何気ない物言いは、多くの受講生にとって、必須事項（MUST）となってしまう。講師はあくまでも聞き役に徹しなければならない。受講生から「このためにどうすればよいか」という具体的な目的が示された場合にのみ、「こうすればどうか」といった手段の案を提示することが、もっとも望ましい姿だといえる。当然のことながら、ASUISHI のテーマは病院における医療のテーマであるので、医師の問題に対して、まったくの門外漢である講師が断定的な物言いをしてはならない。こうした実践型の問題解決研修における講師に求められるのは、アドバイザーとしての謙虚さなのである。

　以上の注意点は、要因解析のステップにおいても同様である。講師は「それ

はなぜか」「他に要因はないか」「現場の生の声を聞いたか」などの問い掛けをすることで、受講生の気づきを促した後は、ひたすら聞き役に徹して、「これが真因だ」「これは〇〇手法を用いるべきだ」などの発言を避けなければならない。

「受講生によってはテーマがうまく解決できなくなるケースも生じるのでは」という懸念が生じるかもしれないが、決してそうはならない。当事者ではない講師から解決策が示され、それが正解でも、一時だけのものにすぎない。受講生が自ら解決したわけではないので、新たな問題が生じたときにまったく応用が利かず、対応できないからである。たとえ不十分であっても、自ら気づいたことで少しでも効果が実感できた体験は、かけがえのないものであり、一つの成功体験となって、その次につながる。

最後になるが、ASUISHI プログラムの今後について私見を述べておく。文部科学省から事業として認可され、本書が刊行される頃には、開始から3年が経過して、第4期生の研修が始まろうとしている。もともとは5年計画なので、残り2年となった。したがって、事業として本研修を継続させていくことを考えなければならない時期にきている。これは、最終的には医療界が判断すべきことであるが、品質管理界としても、問題解決やPDCAを回す考え方を多くの分野に広めていかなければならない。そのためにも、今後とも医療界との連携は必要であり、その継続によって、本研修の重要性はより高くなるだろう。

以上のような観点から、今回の実績を踏まえて、医療関係者には、医師に対する問題解決研修の有効性と必要性の検証を行い、改めて総括してもらいたい。さらに、病院もしくは医師に対する優遇制度などを導入して、問題解決の普及を促進するような仕組みも検討してもらいたい。

一方で品質管理界としては、研修の内容を検証して、その完成度を高めていく努力が必要となる。あわせて適正な資質をもった講師の確保も必須である。また、研修の費用面の抑制についても努力しなければならない。このように、本研修を事業として成立させるための前提条件を整理して、医療界に提示して

いくことが今後、求められるだろう。

　医療の質向上につながる問題解決を、これからも多くの医師に広めていけるように、品質管理関係者の一人として願っている。

4.4　NPO に対する問題解決研修

⑴　トヨタ NPO カレッジ「カイケツ」プロジェクト

　トヨタ財団では、NPO[4] に対する支援をさまざまな形で行っている。NPO は社会の問題を解決するために同じ志をもった人たちが集まり、事業として活動している非営利組織であるが、受益者から対価を得にくいこともあり、資金の問題が発生する。そのため、トヨタ財団では個々の NPO が事業を立ち上げるための資金援助やネットワークの提供などを個別に支援している。

　一方で、NPO が事業を継続していくためには、新たなメンバーを受け入れることが必須となる。そのため、発足当時集まったメンバー間に存在している暗黙のルールやあいまいな役割分担などのままでは組織運営が成り立たなくなる。したがって、組織を運営するためのルールの整備や役割分担の明確化が必要となる。いわゆる組織マネジメントが求められてくるのである。

　そこでトヨタ財団では、多くの NPO に対して個別支援に加えて、組織マネジメントを学ぶ場を提供することにした。マネジメントの本質は問題解決であることから、問題解決を実践して、その考え方や方法を体得する場をつくる検討を始めたのである。相談を受けたトヨタでは、**4.3 節**で述べた ASUISHI プロジェクトの実績も出始めていたこともあり、同様のプログラムを提案した。こうして、トヨタ財団による NPO を対象とした「カイケツ」プロジェクトが誕生することになった。

---

(4)　Nonprofit Organization の略称。特定非営利活動法人のほか、広義では民間非営利組織、市民活動団体全体を指す。

⑵　連続講座の内容

　講座の検討は 2015 年の秋頃から始まり、関係者で検討を重ねた結果、**表 4.5** のプログラム構成により、2016 年度からスタートすることとなった。

　開講に先駆け、2016 年 3 月 1 日にトヨタの東京本社でキックオフシンポジウムが開催された。その案内文から一部を引用する[5]。

表 4.5　カイケツプログラム

	日時	内容	次回の宿題
第1回	2016 年 5 月 19 日（木）　13 時〜 17 時	• ガイダンス、参加者自己紹介 • 「トヨタの問題解決概要」講義 　講師　古谷健夫（トヨタ自動車）ほか	
第2回	2016 年 5 月 20 日（金）　10 時〜 15 時	• グループワーク・個別指導 　「テーマ（取り組む業務上の課題）の選定」 • 講義「現状把握の検討」	現状把握
第3回	2016 年 6 月 16 日（木）　13 時〜 17 時	• グループワーク・個別指導 　「現状把握」 • 講義「目標設定・要因解析の検討」	目標設定と要因解析
第4回	2016 年 7 月 14 日（木）　13 時〜 17 時	• グループワーク・個別指導 　「要因解析」 • 講義「対策立案の検討」	対策立案とＡ3レポート
第5回	2016 年 8 月 18 日（木）　13 時〜 17 時	• グループワーク・個別指導 　「Ａ3レポートの発表」 • 講義「対策実施・効果確認の検討」	対策実施・効果確認・標準化と管理の定着
第6回	2016 年 12 月 16 日（金）　13 時〜 17 時	• 成果報告会	

⑸　トヨタ財団Webページ：「トヨタNPOカレッジ「カイケツ」」（https://www.toyotafound.or.jp/kaiketsu/）

　「1998 年の特定非営利活動促進法(いわゆる NPO 法)制定以来、わが国の NPO は 5 万を超えるに至りました。しかし、その多くは零細経営であり、社会課題の解決というそれぞれのミッションを果たすためにも組織運営や経営の改善が必要とされています。

　一方、「カイゼン」に代表される、トヨタ自動車の「問題解決」という考え方・手法は、生産現場だけではなく、あらゆる組織や事業に応用可能であり、NPO にも活用いただけると考えます。

　トヨタ財団は、「人間のより一層の幸せを目差して」、1974 年に設立されました。これまで地球課題に取組む数多くの研究や活動に対し助成を行ってきましたが、このたび、この取り組みをさらに推進し、運営資金の助成だけでなく、NPO の真の成長と発展を実現するために、今回の連続講座を企画いたしました。」

　キックオフシンポジウムには全国から約 250 名が参加した。一口に NPO といっても、その事業内容や規模は千差万別である。講義名が「トヨタの問題解決概要」であったので、なかには、「トヨタだからできるのではないか」といった意見もあり、「敷居が高い」と感じた参加者も多かったようだ。シンポジウム当日、筆者は、「問題解決はトヨタも学んできた極めて普遍的なものであり、どのような業種・職種でも適用できる汎用性のある考え方である」と強調した。参加者にどこまで理解してもらえたかはわからないが、アンケートによる満足度評価は、5 段階評価で 5(とても満足)を記入した人が全体の約 3 分の 2 を占めるなど、極めて高い評価が得られた。

　こうして 2016 年 5 月 19 日の開講日には、NPO の代表者もしくは幹部の方々 30 名が、北海道から沖縄まで全国から参集した。講師は筆者も含めて現職のトヨタ社員が 2 名、OB が 3 名の計 5 名体制で臨んだ。講師一人に 6 団体(6 名)の割り振りで、計 5 グループにより講座が進められていくことになった。

⑶ **取組み結果**

　講座は、プログラムに沿ってほぼ計画どおり進めていくことができた。第5回が実質的な最終回となるため、ここで中間発表会を行った。テーマ選定から対策立案までのステップをA3用紙1枚にまとめて、グループ内でそれぞれ発表してもらった。フォーマットはASUISHIの中間発表会で使用したものをそのまま流用した。

　この資料のまとめに際して、受講者は自身の組織（NPO）の関係者との相談や確認を迫られることになる。このプロセスに大きな意味がある。なぜなら、「今後の対策の展開がうまく進むのかどうか」が問われているからである。関係者が納得して合意したものであれば特に問題はないのだが、代表者が一方的に立案した対策案であれば、その実行は極めて困難を伴うものとなるであろう。したがって、成果も期待できなくなる。また、この段階でまとめておくことは、「今までの検討結果に大きな誤りがないか」「見逃している事実はないか」などの検証にもつながるのである。

　このように中間発表会の意義は大きい。さらに、講師だけでなく同じグループの受講生からも貴重な意見やアドバイスが続出して、大いに盛り上がった。その後、約4カ月に及ぶ対策実行期間を設定した。この間に1回、講師による最終まとめに向けた資料の添削指導も行った。

　最終まとめの発表は、開講日から7カ月弱が経過した2016年12月16日に、成果報告会として開催された。ここでも、まずA3用紙1枚にまとめてきたものをグループ内で発表し、その後、各グループの代表が全員の前で発表した。

　成果報告会参加者のアンケートの意見から、主なものを以下に記載する。

【一般参加者】
- NPO活動の幅広さ、それぞれの活動の難しさを感じた。代表の熱意とスタッフの考えや志が活動の源泉になっている組織だけに、運営のフレームやルールづくりがむしろ必要であることが理解できる発表だっ

た。

- トヨタ式Ａ３報告書はわかりやすく、とても勉強になった。

【関係者】

- 問題解決に取り組むことで、本人のみならず周囲のスタッフ・取引先の意識が向上することが起きた。人間関係の向上につながると感じた。
-「お金だけではなく知恵を出せ」を目指した典型的なプログラムだと思う。人材育成を通じた社会課題の解決に結びつく感触を得た。

【受講者】

- 思いつきで仕事をするのではなく、客観的なデータから判断すること（そのために記録を残すこと）、考え抜くことの大切さを改めて学んだ。
- ここで学んだカイケツの手法は、本当にどのような場面でも使っていけると感じている。
- 現状分析と要因解析をしっかり行うことで、シンプルで有効な対策が打てるということが、各人の発表を聞いてよくわかった。

　このように、概ね好評であり、受講者のほぼ全員が一定の成果を得ることができたと思う。一方で、まとめきれない人もいた。いくつかの理由が考えられるものの、筆者は「受講者の組織内での立場とテーマ選定のミスマッチがあったためだと判断している。もともとの狙いが組織課題の解決であったため、代表かそれに準ずる方が抱えるテーマを想定していたが、なかには実務担当者が組織の課題を登録したケースもあった。問題解決を進めていくなかで、組織の上位者の合意が得られなくなった場合、そこで問題解決はストップしてしまう。組織内での決定権がないと、主体的に検討を進めていくことができなくなるため、実務担当者には、実務上のテーマに変更することが望まれるが、しかしこれでは、プログラム本来の狙いを満たすことはできない。

　問題解決研修を展開するときの難しさは、テーマ選定にある。「それぞれの

立場にふさわしいテーマを選定できるかどうか」で、研修の効果も大きく変わってしまう。適切なテーマを選定する必要性は、研修を展開する側と受講する側の双方が、認識しておかなければならないことである。

(4)　事例紹介

　今回の成果発表会の内容が、『月刊　FACTA』(Vol.130、2017年2月号)に取材記事として掲載されたので、以下に引用する。

　「昨春、鬱で自宅に引き籠もる息子のために何かできないかとNPO法人社会復帰支援アウトリーチを設立したが、スタッフから意見が出ず、「独りよがりの運営になっていないか」と悩んでいた。仕事の分担率の「視える化」や「なぜ」を繰り返した結果、「思いが共有できていない」という真因に気づき、みんなでミッション作成に取り組んだ。「半分の人が抜けましたが、残ったメンバーがコアになってくれました。これが一番の成果です」と語る。」

　「動物愛護団体NPO法人ファミーユは犬猫の殺処分を減らす活動をしているが、保護猫シェルターから里親への譲渡に時間がかかっていた。ボランティアの実働を視える化し、業務効率化に取り組んだ結果、12月に猫の撮影や人材育成にも役立つ「保護猫カフェ」の開店に漕ぎつけた。」

　第5章に詳細を掲載した上記2つの事例からもわかるように、NPOにおいても、問題解決の方法論はそのまま適用できることが実証された。現地現物、プロセス重視などの基本的な考え方にもとづき、プロセスフロー図や特性要因図などのツールを用いて現状把握および要因解析を実施した結果、いずれも真因に辿り着くことができたのである。

　2017年度も2回目となる連続講座が5月にスタートし、11月28日に成果発表会が開催されたが、今回も多くの成果が得られた。

　NPOの皆さんがこれからも組織課題を解決されて、ますます発展されるこ

とを願っている。

4.5 大学生に対する品質管理(問題解決)研修

⑴ 品質管理教育の実際

大学における品質管理教育の実態について解説したい。筆者は縁があって2013年から2016年まで岡山大学で品質管理に関する講義をした時期がある。対象は、経済学部の2・3年生約180名で、工学部の学生も一部加わっていた。本来なら、彼らが入学前にどの程度の知識を身に着けてきたのかを調査したうえで対応すべきだったのだが、特に考慮することもなく教壇に立った。

授業のなかで「PDCAを知っているか、あるいは聞いたことがあるか」と質問したところ、パラパラとしか手が上がらなかった。「問題解決のステップ(QCストーリー)」についての質問はしなかったが、おそらく同様の結果だったであろう。このことからも、小学校入学から高校を卒業するまでに、品質管理に関する教育はほとんどなされてこなかったことがわかる。グラフの書き方や平均値の求め方などは高校までのカリキュラムにあるようだが、品質管理との関係に触れられたものではなく、また、その教え方も体系立ってないものと推察できる。

このような環境の日本で育った今の大学生に対して、限られた時間ではあるが、筆者にPDCAを教える機会が与えられた。「具体的に何をどのように伝えたのか」について、試行した結果を次に示す。

⑵ カリキュラムの検討

2012年、岡山大学経済学部の清水耕一教授が、トヨタ生産方式を中心とした「ものづくり経営論」という講座を新たに設けることになった。以下にその趣旨を記す。

「トヨタ自動車の競争力の源泉がトヨタ生産システム(TPS)にあることはよ

表 4.6　2016（平成 28）年度「ものづくり経営論」講義計画

回数	講義日	講義のテーマ	担当
第 1 回	4 月 6 日	オリエンテーション：講義の趣旨説明	清水
第 2 回	4 月 13 日	データで見るトヨタ自動車の軌跡：創設から現在まで	清水
第 3 回	4 月 20 日	トヨタ生産方式の基本的な考え方	好川
第 4 回	4 月 27 日	製造部門における原価管理	小川
第 5 回	5 月 11 日	製造部門における能率管理	小川
第 6 回	5 月 18 日	品質管理(1)	古谷
第 7 回	5 月 25 日	品質管理(2)	古谷
第 8 回	6 月 1 日	QC サークルと人材育成	古谷
第 9 回	6 月 8 日	生産性評価と改善活動	小川
第 10 回	6 月 15 日	豊田紡織からトヨタ紡織へ	好川
第 11 回	6 月 22 日	TPS によるトヨタ紡織の改革	好川
第 12 回	6 月 29 日	経営に寄与する生産性・付加価値向上	好川
第 13 回	7 月 6 日	グローバリゼーションについて	好川
第 14 回	7 月 13 日	鉄の歴史	製鐵業の専門家
第 15 回	7 月 20 日	自動車用鋼板の要求特性と進歩	製鐵業の専門家

〈知られている。本授業では、未来の日本のものづくりを担う学生に、TPS による競争力向上の方法を理解してもらうために、その核心をなす原価管理・能率管理の体系と生産性・品質向上のための改善活動の実際を講義する。〕

講師は、トヨタの取締役を経て、トヨタ紡織の会長などを歴任された好川純一氏が務めた。好川氏は、トヨタ生産方式の生みの親である大野耐一氏の直弟子に当たり、経営の立場から TPS を論じてもらうことになった。当時大学の講座は、15 回の講義（1 回 90 分）で単位が認定されるため、全体のバランスから実務的な内容も必要とされた。そのため、元トヨタの生産管理の専門家（小

川和穂氏）と筆者が、講座の一部を担当することになった。2016（平成28）年度のカリキュラムを**表4.6**に示すが、これは、関係者間の話合いと毎年の見直しを反映した内容である。

　2016年度は、製鐵関係も含めた幅広い内容となったが、品質管理（QC）関係の講義は、第6〜8回の3回となった。必ずしも十分な時間とはいえないが、経済学部の学生が中心でもあるため、品質管理の全体像およびその考え方を伝えることに重点を置き、具体的な手法や計算式などは最小限に留めるように配慮した。その結果、3回の講義内容は**表4.7**に示すとおりになった。

表4.7　品質管理の講義内容

講義テーマ	主な内容
品質管理(1) (1回目)	①　「品質」「品質管理」とは（1.2節） 　演習—1 　　•最近関心を示したものとその評価 ②　問題解決の基本的な考え方（2.1節） 　⇒ PDCAサイクル、問題解決のステップなど ③　問題解決のステップ（2.2節） 　⇒ QC七つ道具、平均値と標準偏差など 　宿題—1（レポート） 　　•20個以上のデータ収集と、図的要約・量的要約
品質管理(2) (2回目)	①　"質創造"の全体像とTQMの位置づけ（1.3節） 　演習—2 　　•八百屋の親父が元気のない理由と元気にするための方策 　宿題—2（レポート） 　　•自らP(S)DCAを回した取組みとその結果の考察 ②　品質管理の変遷（1.4節） ③　トヨタ自動車の歩み（1.5節） ④　これからの品質—日本の成長のために—（6.3節）
QCサークル 活動と人材育 成 (3回目)	①　仕事の意義・目的の共有（3.1節） ②　コミュニケーションの意義と重要性（3.2節、4.3節） ③　QCサークル活動（3.3節） ④　経営者・管理者の役割（3.4節、6.2節）

　これらは、概ね前著『"質創造"マネジメント』に沿った内容であるため、参照すべき節番号も**表 4.7** 中にあわせて示している。

　講義は、企業向けに作成したパワーポイントをそのまま用いたが、そのなかで演習と宿題をそれぞれ2回行った。これは、「品質管理・問題解決は実学のため、できる限り学生に考える機会を多く設けることが重要である」と判断したためである。演習と宿題の内容、およびその結果を以下に示す。

(3)　演習と宿題

① 　品質管理(1)

【演習—1】

> ① 　最近皆さんが関心を示したもの(要求したもの、期待したもの、など)を一つ挙げてください。
> ② 　「それが、皆さんのニーズをどのくらい満たしたのか」を、なるべく定量的に示してください。また、その理由も述べてください(例えば、完璧な状態を100とするといくつぐらいだったのか、など)。

【狙い】

　「品質」への理解を深めるために、自らの振り返りのなかから、品質を考える機会とする。

【結果】

　関心を示した主なものは以下のとおりであった。

　　　本、映画、コンサート、スポーツ観戦、外食、料理、バイク、洋服、アルバイト、テーマパーク、ゲーム、講義、引越し、資格講座、旅行、購入品、ニュース、美容院、入浴剤、化粧品、テレビドラマ、CD、ドリ

ンク、ペット…など

【考察】

　上記より学生がさまざまなものに関心を示していることがよくわかる。表4.8 は、「顧客の立場で関心を示したものが、どれくらいニーズを満たしたか」を 100 点満点で記入してもらった結果である。

表 4.8　演習― 1　結果のまとめ

評価点	人数(%)	評価点	人数(%)
100 点(以上も含む)	17 名　(13.2%)	40 点台	2 名　(1.6%)
90 点台	25 名　(19.4%)	30 点台	8 名　(6.2%)
80 点台	34 名　(26.3%)	20 点台	3 名　(2.3%)
70 点台	22 名　(17.0%)	10 点台	1 名　(0.8%)
60 点台	8 名　(6.2%)	0 点〜10 点未満	2 名　(1.6%)
50 点台	6 名　(4.6%)	0 点未満(―)	1 名　(0.8%)
		合計	129 名　(100%)

　品質との関係は意識せずとも、「自分のニーズをどのくらい満たしたか」と質問することで、「あらゆるものが品質の対象である」ということを理解してくれたものと思う。

　それぞれの点数の集計結果も興味深い。100 点満点で 80 点台が全体の 26% を占め、80 点以上で 60% 近くになっている。したがって、概ねニーズを満たしているようである。しかも、対象が千差万別にもかかわらず、80 点台を中心とする正規分布に近い分布となった。これは概ね世の中全体の傾向を表しているものと思われる。その昔、80 点主義のクルマといわれた製品があったが、結果として多くの人に受け入れられたため、ベストセラーとなったことは記憶に新しい。

【宿題―１】

> ①　皆さんの身近にある状態(現象)について、その状態のレベルを表して
> いる特性値を一つ抽出して、データを20個以上(目安)集めてください。
> ②　そのデータについて、QC七つ道具のどれか一つ(以上)を用いて「ば
> らつき」「変化」がどのくらいあるのか、その状態をわかりやすく示し
> てください(図的要約)。
> ③　そのデータについて、平均値と標準偏差を算出してください(量的要
> 約)。

【狙い】

　「品質とはばらつくもの、変化するものであること」を、身近にあるデータ
を要約することで実感してもらうとともに、図的要約・量的要約の考え方、お
よびその手法についても体得してもらう。

【考察】

　さまざまなデータが集められたが、天気に関するもの、周囲の学生の身長・
体重やテストの点数など、身近にあるものが多かったが、それに収まらない内
容も多く、学生の関心の対象が多岐に及んでいることも明らかになった(表
4.9)。興味深いデータも数多くあり、その広がりの大きさに感心させられた。
また、「計量値に限る」という制約も加えたため、図的要約・量的要約につい
ても、比較的容易に示すことができていた。

　ただし、「ヒストグラムと棒グラフの使い分け」「折れ線(推移)グラフと棒グ
ラフの使い分け」などの、基本的な知識の理解不足が目立った。さらに、平均
値・標準偏差の算出においても、計算式に誤りがあるなど、間違いが多く見ら
れた。経済学部の学生が多かったこともあり、計算に対する抵抗もあったよう
である。「限られた時間のなかで、いかに理解度を高められるか」について、

表 4.9　宿題― 1　レポートの主な内容

項目	人数	主な内容
岡山市など、ある地域の気温や湿度	23 名	天気に関する統計データのから、20 日以上を抜き出して、その推移を折れ線グラフで示した。または、その分布をヒストグラムで示した。併せて、平均値と標準偏差を算出した(本来は同じ月日の過去データを集めることが望まれる)。
周囲の学生の身長や体重	22 名	周囲にいる学生 20 名以上に、身長や体重をヒヤリングしてデータを収集。その分布をヒストグラムで示すとともに、平均値と標準偏差を算出した。
試験の点数	9 名	数学などのテストの点数を 20 名以上調べて、その分布をヒストグラムで示した。また平均値と標準偏差を算出した。
その他	87 名	20 個以上のさまざまなデータを収集した。スポーツチームの得点、プロ選手の成績、テーマパークの入場者数、生活費、卵の重量、年収、自炊・外食回数、映画・コンサートなどの満足度評価、ラーメンの味、足のサイズ、カラオケ点数、読書時間…など。
合計	141 名	

教える側の工夫が求められた出来事であり、今後の課題となっている。

② 品質管理(2)

【演習― 2】

① 最近、八百屋の親父の元気がない。売上が減少したからだ。どのような要因が影響しているのだろうか。自由な発想で、なるべくたくさん挙げてください。
② 売上を増やしていくために、どうすればよいのか。これも自由な発想で、なるべくたくさん挙げてください。

【狙い】

　トヨタの顧問・技監、元品質担当副社長の佐々木眞一氏の著書に、『トヨタの自工程完結』がある。そのなかに「八百屋の親父はなぜいつも元気なのか」という一節がある。この挿話には、「お客様第一が重要で、その実践のためにはお客様の期待・ニーズに応える価値を生み出し続けていかなければならない」という、問題解決・マネジメントの本質が述べられている。

　そこで、「八百屋の親父に元気がない」という問題を設定して、「どうすれば元気になるのか」を学生に考えてもらうことにした。この演習により、お客様

表 4.10　演習― 2　要因解析 (順不同)

八百屋の親父に元気がない！		
お客様の評価尺度		• 近くにスーパーができた。 • 悪いうわさ (虫がついていた、など) が広まった。 • 商店街全体が衰退した。 • 料理をしない人が増えた。 • 近隣の人口が減った。 • 野菜の消費量が低下した。
4 M	Man (Member)	• 接客が悪くなった。 • 従業員が減った。 • 釣銭を間違えた。
	Machine	• 店が汚くなってきた。 • 清潔感がなくなった。
	Method	• 多角化に失敗した。 • 宣伝が不十分で知らない人が増えた。 • サービスが悪くなった。 • 販売価格が高くなった。
	Material	• 野菜の仕入れが値上がりした。 • 災害が発生し野菜が高騰した。 • おいしくなさそうだった。 • 悪天候が続いて不作となった。 • 売れ筋の野菜が少なくなった。

第一の重要性を理解し、その実践の道具としての問題解決のステップを体感してもらう。

【結果】

　講義中一人ひとり順番に、思いついた要因(元気がない元となる原因)を挙げてもらい、筆者がその場でデータとして入力していった。また、対策案についても同様に行った。できあがったものを表4.10に示す。これは毎年行ってきたが、興味深いことに、4回ともほぼ類似した内容となった。

【考察】

　制約を一切設けず、学生の自由な発想に委ねたが、奇抜なものはほとんどなく、概ね妥当な意見に収まった(表4.11)。実際には制約が多くあり、実現困難な対策案も多くあるが、問題解決の要因解析から対策立案への流れを、多少なりとも実感できたのではないかと思う。

表 4.11　演習― 2　対策立案(順不同)

八百屋の親父に元気がない！	
• 常連をつくる。	• 目玉商品をつくる。
• 特売日をつくる。	• 長期契約を結んで割引をしてもらう。
• 広告宣伝に力を入れる。	• 他にない野菜を仕入れる。
• 野菜をつかった料理を提案する。	• 有機野菜を販売する。
• 新鮮な野菜を仕入れる。	• 訪問販売をする。
• 地域のイベントとコラボして知名度を上げる。	• ポイントカードをつくる。
• 市場調査をする。	• ネット販売をする。
• 魅力的な人を雇う。	• 商品の展示を見やすくする。
• 大型店にはないものを売る。	• お客様との信頼関係を築く。
• お店をきれいにする。	• 品揃えをよくする。
• 野菜の値段を下げる。	• 品質のよい商品をそろえる。
• 人柄でアピールする。	• 知らない人に、宣伝する。
	• 接客を丁寧にする。

　こうした演習は、机上の空論ともいえるかもしれないが、発想力や考える力といったマネジメント力を強化することに役立つ演習といえる。学生たちの今後に期待したい。

【宿題―2】

> 　今までに自らPDCAまたはSDCAサイクルを回すことを実践したことがあれば、その取組み内容を示し、その結果を考察せよ。ない場合は、周囲（世間も含む）で実践された事例を紹介して、その結果を考察せよ。

【狙い】

　人は誰でもその成長過程で、何回も困難を乗り越えてきている。すなわち、その都度、目の前の問題を解決することに取り組んできているのである。もちろん、学生も同様である。今までの成長過程のなかで、自ら問題を解決したことを振り返ることで、PDCAという言葉さえ聞いたことがない学生が、実は無意識にPDCAを回していたことを知ってもらう。これこそが品質管理講座の核心部分といえる（**表4.12**）。

【考察】

　とても幅広い分野で学生がPDCAを回していることに驚かされたとともに、この国の将来を担う学生に逞しさも感じた。地方の有力大学であるため、中学・高校時代にサークルや部活動でリーダーの経験がある、もしくは現在リーダーとなっている学生が多かったことも、今回の結果に結びついたといえる。また、アルバイトは学生生活には欠かせないが、その仕事場においてもリーダーシップを発揮し、PDCAを回してアルバイト先の業績向上に貢献している姿が浮き彫りとなった。

　多くの学生が、自らの生活のなかでPDCAを回してきたことに気づいてく

表 4.12　宿題－2　レポートの主な内容

項目	人数	主な内容
大学のサークル・部活動	46名	• 練習方法の PDCA を回して強いチームを実現した。 • サークルの代表として運営方法を改善し、メンバーの結束力を高めた。 • サークル行事の PDCA を回して、メンバーの満足度が高まった。 • 大学祭の模擬店の運営について PDCA を回すことで、従来より売上を伸ばした。 • 新入生勧誘で、PDCA を回して多くの新人が入会した。 　→サークル・部活動のジャンルは、サッカー、アメフト、弓道、オーケストラ、茶道、ダンス、など多岐にわたる。
大学受験	32名	• 大学入学のための受験勉強で、PDCA を回して勉強方法の改善を図り、成績向上に結びつけた。 • 上記の継続により、志望校に合格できた。
中学高校部活動	20名	• 部活動の部長、キャプテンとして、その運営方法に対して PDCA を回して、チーム力を高めた。 • 練習方法の PDCA を回して、自身の能力を向上させた。 • 生徒会長として新規事業を成功させた。 　→大学のサークル・部活動と同様、ジャンルは多岐にわたっている(サッカー、バスケット、水泳、吹奏楽、珠算など)。
アルバイト	18名	• 居酒屋で店員間のコミュニケーションを活性化させることで、お客様からの苦情を減らした。 • コンビニで仕事の方法を改善して効率化を図った。 • 本屋で、万引き対策を実施して、その件数を減少させた。 • 塾の講師として、指導方法を改善して生徒の成績を向上させた。 　→上記の他にも、多岐にわたる分野での改善の取組みのレポートがあった(スーパーマーケット、ファミレス、結婚式場、コールセンター、ゲームセンターなど)。

表 4.12　つづき

項目	人数	主な内容
学業・資格試験	17名	• 大学での成績向上に向けて勉強方法を見直した。 • 資格取得に向けて、勉強方法の PDCA を継続的に回して取り組んでいる(公務員試験、簿記、TOEIC など)。
旅行・レジャー	17名	• 友人との旅行やレジャーを振り返り、PDCA を回すことで、次回の計画にフィードバックした。
ダイエット・体力向上	12名	• 毎日のトレーニング方法について PDCA を回して、継続的に取り組んでいる。
その他(趣味など)	6名	• 運転技術、ギター演奏、ゲームの得点などについて PDCA を回した。 • 地方の道路行政の取組みにおける PDCA の事例を紹介した。
合計	168名	

れた。そのときは PDCA という言葉すら知らなかった学生が、自らを改めて振り返ってみることで、過去の行動に PDCA をそのまま当てはめることができたのである。また、「もっと早く PDCA を習っていたら、さらに良い結果を生み出すことができたのではないか」という声もいくつか見られた。「学生諸君が、その柔軟な思考と行動において、PDCA を活用して、明るい未来を切り開いて欲しい」と願っている。

(4)　**学生へのアンケート**

【アンケートの内容と結果】

　講義の最後に、次の2点についての簡単なアンケートを実施した。いずれも無記名で、評価点(5段階評価)とその理由、および3回の品質管理講義全体を通しての自由意見・感想を記載してもらった(表 4.13 ～ 表 4.16)。

　　問①　今回の「品質管理」の講義は、皆さんのこれからに役立つと思いますか？

表 4.13 問①、問②の評価点

	1	2	3	4	5	平均点	肯定的回答率(4・5の割合)
	全くそう思わない	あまりそう思わない	どちらともいえない	ややそう思う	強くそう思う		
問①(役立ち度)	0 人	3 人	11 人	83 人	35 人	4.13(計 132 人)	89.40%
問②(必要性)	1 人	2 人	15 人	61 人	53 人	4.23(計 132 人)	86.40%

表 4.14 問①の主な理由

評価点	主な理由
5	• 就職して働くときに業種職種を問わず役に立つと思う。 • PDCA サイクルなど仕事をしていくうえで必ず役に立つと思う。 • 品質管理だけでなく日常生活にまで役立つものであった。
4	• 社会における心構えになる話だと思う。 • PDCA・SDCA サイクルがあらゆる質の向上につながることがわかった。 • PDCA サイクルや QC サークルが部活動の練習にも役立つと思った。 • 品質管理はモノだけでなく人との関わりについてでもあったので良かった。
3	• 普段無意識に考えることだと思う。
2	• 品質管理を役立てるイメージがわき辛かった。

問② 今回の「品質管理」の講義は、これからも大学で必要な講義だと思いますか？

【アンケートのまとめ】

多くの学生の協力により、貴重なデータが得られた。

① 「役に立ったかどうか」については、5 段階評価の平均は 4.1、肯定的回答率(4 と 5 を選択した割合)は 89% となり、多くの学生の役に立った

表4.15　問②の主な理由

評価点	主な理由
5	・必ず役立つと思うので企業に勤める人は受けておくと良いと思う。 ・経済学のなかでも特に重要な論点だと考える。 ・他の講義で学ぶことがないので是非継続して欲しい。 ・品質管理の概念を広めていくことで防げる事故があるかもしれないから。 ・後輩たちの将来の助けになる授業である。
4	・経験豊かな先生の話は非常に興味深いのでぜひ継続して欲しい。 ・もっと広く他学部にも開講して欲しい。 ・PDCA など知っていたら絶対有効だと思う。 ・経済学を専攻する者には受けて損のない講義だと思うから。
3	・主に理系を対象とした授業にすればよい。 ・大学でなくても学べる場所が全くないとは思えない。 ・希望者にはためになる知識だと思う。
2	——
1	——

表4.16　全体を通しての自由意見・感想

その他、自由意見・感想など
・普段、大学で受ける講義とは少し違っていて面白かった。 ・毎回の課題を解くことで理解が深まった。 ・実践的な話を聞けてとてもためになった。 ・QC サークルというものの存在を初めて知った。 ・会社でどのように品質管理が行われているか知ることができた。 ・非常にわかりやすく理解しやすかった。 ・具体的な体験談は面白かった。 ・宿題は手間がかかったが、面白い授業だった。 ・PDCA サイクルなどこれから意識していきたい。 ・知識として所有していたことでも実際に実行してきた方の話は新鮮だった。 ・面白い講義でためになった。

ものと思われる。

②　「来年以降も「品質管理」の講義が必要かどうか」については、5段階評価の平均は4.2、肯定的回答率は86％となり、こちらも多くの学生が「講義の継続を良し」としたと考えられる。

③　主な理由や自由意見などからも、学生が「社会に出たときに役立つ内容である」と理解したことが読み取れる。そのため、「学部の枠を超えて継続すべきである」という意見が多くあったのであろう。

④　反面、講義のなかで計算式の解説や、計算が必要となる宿題を課したことなどにより、一部の学生に「理系の内容ではないか」という誤解を招いてしまった点は、今後の検討課題である。

⑸　**まとめ**

大学での講義経験がまったくなかったうえに、品質管理の概要を3回（1.5時間／回）で講義するという、おそらく前例のない取組みであったが、4年間も継続でき、しかも学生から一定の評価が得られた。この経験から、今後の大学での品質管理・問題解決教育の目指す姿を考えてみたい。

一般的な講義は、先生が学生に授けるものである。ところが、品質管理（マネジメント）・問題解決は実学であるため、授ける部分は一部で、そのほとんどが自ら気づいて学ぶもの、体得するものといえる。したがって、講師は学生の学びをアシストすることに徹しなければならない。そのため、講師には実際に品質管理（マネジメント）・問題解決に取り組んできた経験が問われることになる。

現状、ほとんどの大学で品質管理（マネジメント）・問題解決の講義はない。しかし、学生の潜在的なニーズはかなりあることが確認できた。ここに大きなギャップがある。このギャップをどうしたら埋めていくことができるのか、日本の学校教育に問題解決が求められているといえよう。

筆者としては、大学関係者に「管理科学」「品質管理工学」「管理工学」などの講座の一部として、今回紹介した内容（上記の演習―1、2および宿題―1、

2）の趣旨をぜひ織り込んでもらいたいと思う。たとえそれが3回の講義でも、学生の理解を深めることは可能である。そのためには、まず大学関係者に問題解決力の有効性を認識してもらうことが、何よりも重要なことだと考えている。

こうした講義を担う講師には、現役やOBを問わず、民間企業の現場で長く改善に取り組んできた人材が最適と考えられるので、講師として積極的に活用することが望まれる。最近の事例としては、2016年4月名古屋工業大学に新しく誕生した創造工学教育課程のなかで、トヨタのベテラン社員が「実践問題解決」の講義を担当している。こうした取組みが今後ますます増えていくことを期待したい。

現在、初等・中等教育から、品質管理の内容を織り込んでいくことが検討されている。こうした取組みと連携して、大学教育でも、品質管理・問題解決教育の機会を増やし、一人でも多くの学生に伝えていくことが求められる。それにより、問題解決力の高い人材が育成され、必ずやわが国の発展に貢献することになると筆者は確信している。

第5章 問題解決の実践事例

■問題解決実践事例の選出

　問題解決とは PDCA サイクルを回すこと、改善することであり、新たな価値を生み出す仕事そのものである。単純な繰り返しだけの作業とは区別される。したがって、問題解決の実践は、社会人であれば常に実践していることであり、意識して取り組んでいる場合は少ないだろうが、学校や家庭においても実践されている。そのため、たとえ無意識であっても、実践した結果を問題解決の3要素にもとづいて振り返ることができるケースは、至るところに存在している。

　今まで述べてきたように、身近な問題は自らの知恵と努力で解決していく以外に方法はない。また、まったく経験のない場合は、第4章で示した問題解決研修などを通して3要素に対する理解を深めることで、自ら実践できるようになる。

　本章で取り上げる問題解決の実践事例は、まったく異なる分野、まったく違う立場であるが、すべて同じ方法論に則って問題解決が実践されている。これが、重要なポイントである。さまざまな問題解決の実践事例が、「どのような問題意識から生まれたのか」「どのような考え方で解決への方向付けがなされたのか」「その結果としてどのような成果が得られたのか」などについて、問題解決の3要素の観点から示す。

　これらの事例のなかには、半年かけてもゴールに辿り着かないものもある。問題解決には正解がないが、より良くしていくことの積み重ねが問題解決なので、やむを得ないことである。しかし、それぞれの事例からは、取り組んだこ

とに対しての手応えが感じられる。そのため、たとえ道半ばであっても、これからの取組みに期待がもてるのである。

　あらゆる分野でこうした事例が生み出されるように、問題解決の3要素の切り口から自らの問題に取り組んでもらいたい。以下で挙げる8事例は、そのための参考となるはずである。また、事例1～8はそれぞれ「事例のポイント」と「問題解決ステップの概要」(表5.1～表5.8)で構成されている。また、事例4、5には「A3用紙1枚にまとめた図」(図5.2、図5.3)を掲載している。

【問題解決の事例】

事例1　経営者の事例：方針管理を活用した「利益が出るモノづくり」の実現

事例2　管理者の事例：営業における仕様選定ミスの削減

事例3　医師の事例1：脊椎手術における手術部位感染(SSI)の全国平均までの減少

事例4　医師の事例2：インスリン注射事故の撲滅

事例5　NPOの事例1：より多くの猫を里親に譲渡するために

事例6　NPOの事例2：「ワタシの」から「みんなで」活動する組織づくり

事例7　大学生の事例1：商品の売価変更業務におけるミス発生の減少

事例8　大学生の事例2：暗い雰囲気の水泳部を活性化させる

事例1　経営者の事例：方針管理を活用した「利益が出るモノづくり」の実現

-------------------- 事例のポイント --------------------

　本事例は、2017年8月に開催された日本品質管理学会中部支部第35回研究発表会において、ライトアップコンサルティングサービス代表の西岡昭彦氏が発表した「新しい品質管理手法を活用した「利益が出るモノづくり」の実現」にもとづいて、その要点を整理したものである(表5.1)。

　部門間の連携が上手にできない理由はさまざまあるが、本事例では、会

社全体としての目指す姿(ビジョン)がなかったことが大きな原因であった。「ビジョンのないところに改善はない」という教訓を経営者および管理者に提供した事例である。

表 5.1　問題解決ステップの概要 1

実施者	中小企業経営者
組織概要	自動車用樹脂部品製造業 従業員数 82 名、売上高約 15 億円(平成 28 年度)
テーマ選定	中小企業の多くは、経費削減を行うことで利益を創出している。当社もほとんどの経費削減項目を実施済みであり、さらなる改善効果が見込めず手詰まり感があった。こうしたなかで経営者は効果的な次の一手を模索していた。
現状把握	全社的な経営方針がないにもかかわらず、営業部、製造部、設計部それぞれが、次のように目標を設定していた。 ・営業部：売上高前年比 10%アップ ・製造部：不良率 2%以下 ・設計部：後戻り工数(設計変更)前年比 20%削減 会社全体としての統一感がなく、自部門の目標達成に固執するあまり、部門間の摩擦が非常に大きいことがわかった。そのため、次のような問題が表面化していた。 ・営業部が大きな受注をとっても生産能力が不足している。 ・製造部が不良率を重視するあまり作業に時間がかかり納期遅延が発生している。 ・設計部が図面チェックを重視するあまり出図の遅れが日常化している。
目標設定	個別最適から脱却して全体最適を図り、全社一丸となって「利益が出るモノづくり」の実現を目指す。
要因解析	各部門が協力して一つの目的に向かって全社一丸となって取り組むための仕組みがなかった。経営者として「企業のありたい姿」を描いた経営ビジョンが策定されていなかった。

表 5.1　つづき

対策立案 対策実施 効果確認	日本品質管理学会規格「方針管理の指針」にもとづいて、方針管理を導入した。主な実施事項は以下のとおりである。 　① 経営ビジョンの策定 　② 長期経営計画と短期経営計画の作成 　③ 各部門長が経営ビジョン・経営計画に沿った部門目標を設定 　以上により、各部門目標を達成すれば企業全体の経営計画を達成でき、ビジョンの実現につながるという仕組みが構築できた。また、これにあわせて、部門間のコミュニケーションを活性化し、働きやすい職場環境づくりによる従業員満足度の向上を目指す取組みも実施した。 　その結果、経営改善に取り組んでわずか1年後には、売上高40%増、生産能力20%増など、多くの経営指標が大幅に改善された。また、従業員満足度および顧客満足度も向上した。
標準化と管 理の定着	今後も、方針管理の定着と働きやすい職場環境づくりに取り組み、「利益が出るモノづくり」を追究していく。

事例2　管理者の事例：営業における仕様選定ミスの削減

------ 事例のポイント ------

　営業の業務は個人の裁量に委ねられることが多く、標準化が難しいとされているが、本事例のように業務プロセスの見える化によって、問題が顕在化できることを確認できる(表5.2、図5.1(p.140))。また、関係部門との調整も必要となるため、管理者の役割が大きいことを示した事例である。

表 5.2　問題解決ステップの概要 2

実施者	管理者
組織概要	機械メーカーの営業部門
テーマ選定	B to B のビジネスのため、顧客ごとにすべて仕様が異なる。また、同じ顧客向けの同一機種であっても、ほとんどの場合、発注時期によ

表 5.2　つづき

	って仕様が異なる。そのため、顧客の要求仕様の取違いや社内の設計部門などへ誤った情報が展開される事態が散発していた。
現状把握	商談開始から仕様の打合せや機械の完成までに及ぶ仕事の流れをフロー図に整理した。その結果、いくつかのプロセスでやるべきことができていなかったり（図 5.1 に示す）、日程管理が不十分であったりしたことなどが浮き彫りになった。 　例えば、特殊仕様の構想図がなかったため、顧客と営業、営業と工場との間で認識の相違があった。また、詳細の仕様確認は製作仕様書にもとづいて行われるが、その発行が遅れることがあり、大きなトラブルを誘発していた。現状把握を通じてこのような事実が顕在化したのである。
目標設定	• 受注までにお客様の要望（要求仕様）を正しくまとめる。 • 納入時には顧客の要求どおりの仕様で間違いなく機械を納入する。
要因解析	仕様選定ミスの発生を特性として、人・組織・方法・道具の4つの切り口から要因を抽出して特性要因図にまとめた。その結果、顧客への確認不足、商品知識不足、仕様書発行のタイミングなどの真因が洗い出された。
対策立案 対策実施 効果確認	以下のような対策案を提案し、現在も対策を実施中である。 • 特殊仕様は言葉だけでなくイラストなどの絵も用いて説明する • 加工内容に応じて仕様をパッケージ化する • 製作仕様書の内容を簡略化して発行の遅れが生じないようにする
標準化と管理の定着	まだ、対策が進行中のため、効果の確認も含めて今後フォローしていく。

事例3　医師の事例1：脊椎手術における手術部位感染（SSI）の全国平均までの減少

-----事例のポイント-----

　本事例は、第4章で紹介した名古屋大学大学院医学系研究科が事業として展開する「明日の医療の質向上をリードする医師養成プログラム

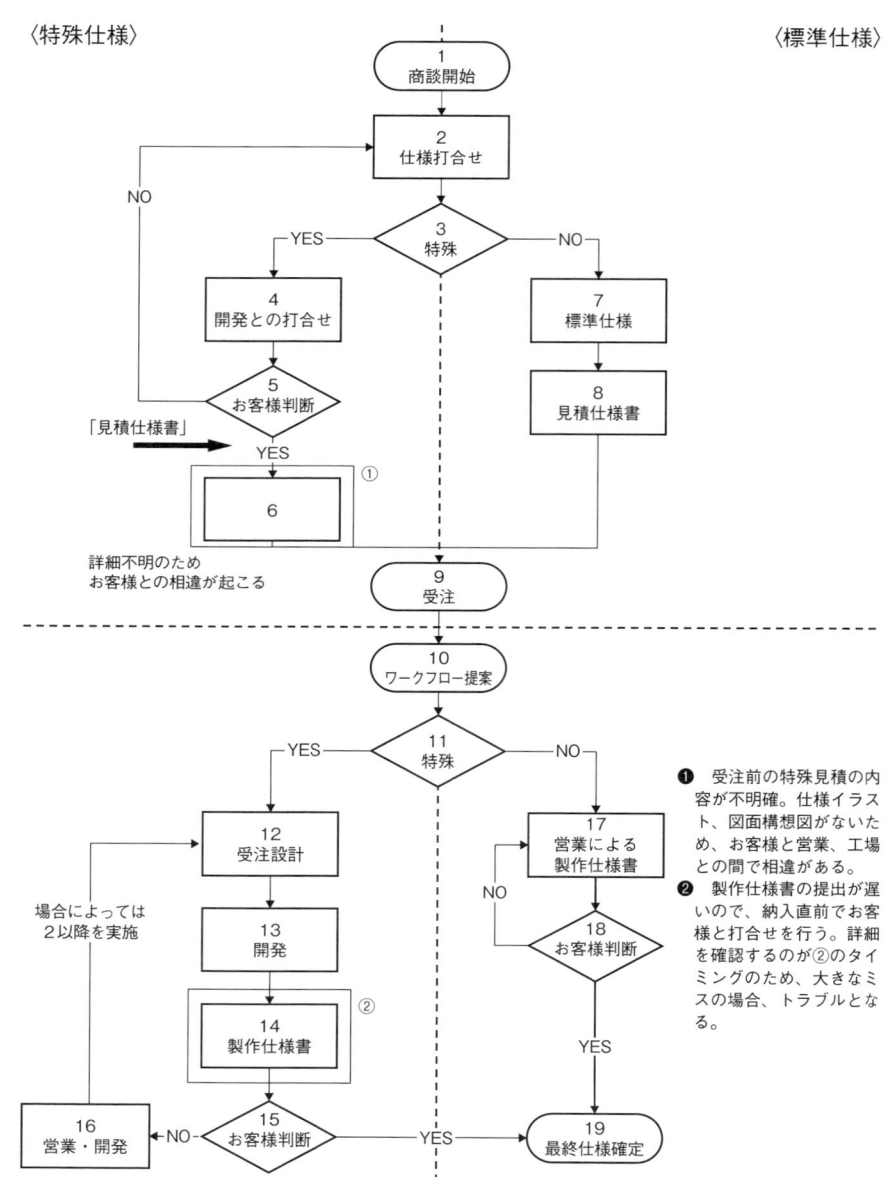

図 5.1　商談開始から仕様確定までのプロセスフロー図
（事例 2 の実施者が作成したもの）

（ASUISHI）」第1期受講生の最終まとめ発表内容である（**表5.3**、**図5.2**(p.144)）。

　本事例では、守られるべきマニュアルの内容が実際には守られていなかったため、守れる標準の整備とともに、遵守の徹底を図ったことが大きな成果につながった。そのため、標準化を起点とした日常管理（SDCA）と意識改革の重要性を示した事例といえる。

表 5.3　問題解決ステップの概要 3

実施者	医師
組織概要	国立病院機構の病院
テーマ選定	手術部位感染（SSI：Surgical Site Infection）のモニタリングを3カ月ごとに行っているが、2015年4月〜6月期において整形外科でのSSIが高い確率で発生していることが判明した。過去約2年間のデータを調査するとほとんどの手術で全国平均と比較して高い確率となっており、特に脊椎手術では、より深刻な深部感染が有意に多かったため、テーマとして取り上げた。
現状把握	2013年11月から2015年9月までの脊椎手術127例について、「現場に問題がないか」と現状を調査した。その結果、手術室や病棟において決められているマニュアルを守っていない業務・作業が多くあることが判明した。
目標設定	常に衛生管理を意識してSSI発生率を全国平均レベルまで減少させる。そのために、現場で指摘のあった作業において標準を見直して再整備し、全員が確実に遵守する風土をつくる。
要因解析	担当部署の医師全員および看護スタッフが発生要因を出し合って特性要因図を作成した。すると、「患者に安全な医療を提供することが最優先される」という意識の欠如が、真因として浮かび上がった。
対策立案 対策実施 効果確認	全職員の意識を変えるために研修会や勉強会を開催した。 　現場作業の標準化を実施するとともに、きちんとできているかをチェックした。重要な項目については、遵守率をモニタリングした。 　作業・手順の標準化はほぼ目標どおりに達成できた。これにより、直近の3カ月間ではSSIの発生率は0%を継続している。

表 5.3　つづき

標準化と管理の定着	「院内感染を可能な限り減らし、安全な医療を提供することが最優先されること」を全職員が共有し、病院の文化となるように努めることで定着を図っていく。

事例 4　医師の事例 2：インスリン注射事故の撲滅

------------- 事例のポイント -------------

　本事例も「明日の医療の質向上をリードする医師養成プログラム（ASUISHI）」第 3 期受講生の最終まとめ発表内容にもとづいて、その要点を整理したものである（表 5.4）。

　慢性的に発生している問題に対して現状把握および要因解析を行ったことで、現場の困り事など多くの気づきが得られた事例であり、システム導入時期に合わせて標準化を行った意義のある取組みといえる。

表 5.4　問題解決ステップの概要 4

実施者	医師
組織概要	社会医療法人の病院
テーマ選定	入院病棟における糖尿病患者に対するインスリン注射のインシデントが多数あり、抜本的対策が行われないままその場しのぎになっている。このまま放置しておくと重大事故の発生が危惧されるため、テーマとして取り上げた。
現状把握	2016 年 2 月〜 2017 年 1 月までの 1 年間のインスリン注射に関するインシデントは 136 件で、そのうち重症例が 3 件発生した。 　医師が看護師（患者）に注射内容を示した注射箋（スケール表）の見間違えや患者誤認などによるインシデントの発生も確認できた。

表 5.4　つづき

目標設定	インスリンによる事故を撲滅する。そのために、スケール表の記入方法の見直しと遵守の徹底を図る。また、スケール表の標準化を実施したうえで、2018 年 1 月までに現状の手書きのスケール表を電子化（システム化）する。
要因解析	インスリン関連事故の発生を特性として、特性要因図を作成し、11項目の真因を抽出した。
対策立案 対策実施 効果確認	・患者誤認対策としてスケール表に認証用バーコードを追加した。 ・スケール表の記入方法を部分的に統一した。特に、朝昼夕眠前の区別については書き込み位置を固定した。 ・電子化に向けたスケールの標準化を実施した。 ・現時点で患者誤認はなくなったものの、それ以外についてはインスリン部門へのシステム導入（電子化）と、それに向けた院内のスケール標準化の協議が開始できた段階で、研修修了時点では具体的な成果が得られるまでには至っていない。
標準化と管理の定着	今後は円滑なシステム導入を図るとともに、インスリン注射による事故撲滅の実現に継続して取り組んでいく。

事例5　NPO の事例１：より多くの猫を里親に譲渡するために

------ 事例のポイント ------

　本事例は、第 4 章で紹介したトヨタ NPO カレッジ「カイケツ」2016 年度受講者の最終まとめで発表された内容である（表 5.5（p.148）、図 5.3）。

　業務プロセスを整備して進捗状況を見える化することで、所要日数を短縮し、ばらつきも小さくすることを図ろうとしたものである。具体的な成果が出るまでには至っていないが、プロセスの標準化による日常管理（SDCA）の重要性を示した事例である。

PROTECTED
関係者外秘

ASUISHI 問題解決研修
最終まとめ発表会用 A 3 資料

テーマ名：（脊椎手術

1. テーマ選定（取り上げた理由、など）

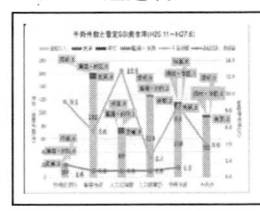

当院では ICT 活動の一環として手術部位感染（SSI）のモニタリングを 3 カ月ごとに行っている。H 27 年 4 月～6 月期において整形外科での SSI が高率に起こっていることが判明した。過去約 2 年間のデータを調査すると（左グラフ）、ほとんどの手術で院内感染対策サーベイランス（JANIS）に比較して高率であった。

その中でも脊椎手術では、より深刻な深部感染が有意に多かった（χ^2：109.924, p＝0.000）。

2. 現状把握

H 25 年 11 月から H 27 年 9 月までの脊椎手術 127 例について、ロジスティック回帰分析から糖尿病が、判別分析からは糖尿病と喫煙が SSI の患者要因として有意な結果であった。現場に問題がないか、検証も行った。

患者：　MRSA 陽性者の除菌方法が不適切、禁煙できていない患者がいる
　　　　糖尿病患者の血糖コントロールが良くないまま手術
　　　　術後血糖のコントロールの目標値を設定していない
手術室：ICD（外科医）と ICTN のラウンド（観察）でチェックされた点
　　　　手洗い：ウェルアップローションでの刷り込みで爪先が不十分
　　　　術野消毒：刷毛で消毒している
　　　　　　　　　乾燥を待たずに執刀
　　　　術中操作：蛋白呈色試薬による洗浄評価で手術器具 2 点に洗浄不備あり
　　　　　　　　　骨切りドリルの歯を再利用
　　　　　　　　　イメージ撮影装置のカバーを使用する大分前につけている
　　　　　　　　　創内をイソジンを含む生食で洗浄している。二重手袋でない
　　　　　　　　　閉創時の器械台が洗浄液・血液で汚れている
　　　　　　　　　アルコール綿を複数回使っている（看護師）
　　　　抗菌剤：MRSA 患者でセファメジンで手術を始め、バンコマイシンが術中投与されていた。抗菌剤の追加
　　　　　　　　がなされていない
　　　　環境：清掃はベストプラクティスに則って実施されている
　　　　　　　手洗い場床にマットが敷かれている。人の出入りが多い。
　　　　　　　エアコン吸気口前に機械が置かれていた。ドアが開けっぱなし
病棟：　術前処置：剃毛している
　　　　　　　　　前日午後入浴
　　　　　　　　　マーキングの針を長時間刺したまま
　　　　術後処置：手指衛生が不十分、手袋交換もきちんとしていない
　　　　　　　　　ドレッシングを患者のベッドに置いて使っている（清潔操作でない）
　　　　　　　　　手荒れのスタッフが 3 人いた。創部シャワー浴できていない
　　　　　　　　　マニュアルを守っていない。遵守事項を提示していない。
　　　　風土：SSI が多いのは重要な問題である、との意識が乏しい（看護師）
　　　　　　　自分のやり方は正しい、との過信、ICT 軽視（医師）

3. 目標設定

プロジェクト目標：常に衛生管理を意識して SSI 発生率を JANIS の平均レベル（1.2％）まで減少させる。そのために実施すべき事項：病院の風土を変える
　　① すべての作業において手抜きせずベストプラクティスに則って標準を見直し整備し、全員が確実に遵守する風土をつくる。
　　② 全体にわたって ICT 部門がマネジメントし、PDCA を回していく。

図 5.2　事例 3 の実施者が A 3

2016年3月10日

における）手術部位感染（SSI）を全国平均まで減少させる

氏名：△△病院　○○　○○

4. 要因解析

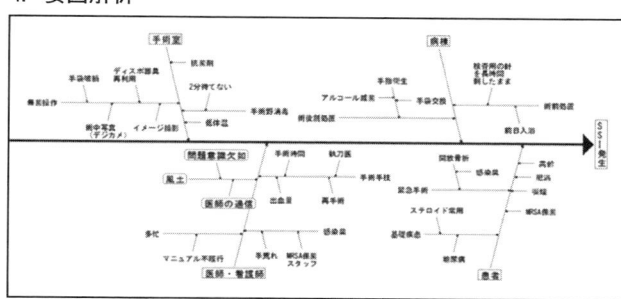

整形外科医師全員を含めて、各職場のスタッフ（チーム）ごとに発生要因について、自由に記載してもらった。

それをもとに作成したものが左図である。

要因は多種・複雑に見えるが、背景となるのは、院内感染対策を含め、患者に安全な医療を提供することが最優先されなければならない、という意識の欠如である。

5. 対策立案・実施および効果の確認

真因	対策内容	担当	関連部署	実施事項と効果	評価
医療風土特性要因図で色を付けた項目	意識改革 院内感染対策研修会 医療安全研修会以外の勉強会 業務の標準化	ICD/ ICN	ICT	・セミナー開催 　H28/2/19　他施設感染症内科医師 　H28/3/2　脊椎手術SSIガイドライン 　　　　　　　2015版勉強会	○
手順の違反（ローカルルールなど）特性要因図中の作業の項目	・ラウンド 　現状把握で見つかった問題点のうち22項目（下線したもの；含血糖管理、禁煙指導）について、きちんとできているかチェックする	ICD/ ICN	病棟／ 手術部	よくできている○まったくできていない×その間△の3段階評価を行い、22項目中○19件、△2件（術野消毒でのスポンジ使用、乾燥待ち）、×1件（二重手袋）であった。 　二重手袋は標準手順としていなかったためできていなかったと思われる。	◎
	モニタリング	ICN	病棟／ 手術部	手指衛生 手指消毒液消費量（個人ごと） Glitter Bugで個人の癖をなおす	○ ○ ○
			エンドポイント →	12月以降のSSI発生率　0/17症例→0%	◎

6. 標準化と管理の定着および総合評価

手順の標準化はほぼ目標どおりに達成された。しかしながら、せっかくここまでレベルアップできたのに、喉元過ぎれば熱さを忘れるもの、と予想される。今後、業務の効率やコストより、「院内感染を可能な限り減らし、安全な医療を提供することが最優先されること」を全職員が共有し、病院の文化となるように努めることで、定着できると期待している。

総合評価

7. 振り返りおよび今後の進め方、所感、等

問題解決のための考え方、スキルを初めて学び、戸惑うところが多かった。要因解析の場面で、これまで話をしたことのなかった病院の部署のスタッフの意見を伺い、今まで自分が想像したこともなかった話（職員の意識）を聞くことができた。現場の声に耳を傾けることの大事さを痛感した。

トヨタ式現地現物主義の優れた点を実感できました。

用紙1枚にまとめたもの

145

<table>
<tr><td>PROTECTED
関係者外秘</td><td>NPO カイケツ問題解決研修
最終まとめ発表用Ａ３資料</td><td>テーマ名：より多く</td></tr>
</table>

1. テーマ選定（取り上げた理由、背景など）

名古屋市の猫の殺処分は、毎年 800 匹前後でなかなか減らないのが現状です。ファミーユの現状の譲渡数は年間 100 匹以下ですが、できれば 120 匹から 150 匹はクリアしたい。愛護センターから引き出した猫が、正式譲渡されるまでの時間を短縮できれば、ファミーユの年間の猫の譲渡数を増やすことにつながります。引き出した後、募集をかけるまでにかかる時間またお届けまでの時間を短縮すること（スピードアップ）ができれば、譲渡数を増やし殺処分数の削減につながるはずです。

2. 現状把握

表 1　保護猫の譲渡までの流れ

猫名		年齢種類	1）引き取り日	2）撮影	3）募集	4）お見合い	5）お届け	6）正式譲渡	引き取りからお届けまで日数・課題
太陽くん		成猫茶白	3月15日預かり宅	未	未	譲渡会5月22日	5月27日	6月7日	72日撮影も募集もしないままだったいきなり譲渡会
カンペイくん		2週間（ミルク猫）キジ白	3月10日預かり宅	未	5月1日応募5月16日	なし	5月23日	6月9日	73日預かりボランティアさんが撮影募集後、2週間で里親決定
しずちゃん		2週間（ミルク猫）三毛猫	5月9日預かり宅	6月17日	6月22日	6月30日	7月5日	7月19日	56日撮影まで、38日募集後、1週間でお見合い
花子ちゃん		離乳食キジ白	6月9日預かり宅	7月7日	7月8日	譲渡会7月17日	7月21日	7月28日	42日譲渡会の前にネットに掲載して3件問い合わせがあり、譲渡会でお見合いした。
しんのすけ		1歳ソマリ	6月9日シェルター	未	8月2日	なし	8月15日	未	66日募集を忘れていた。結局あわててスマホで撮った写真で掲載したら即日応募が13件あった

引取りから募集までの日数が長くばらつきがある。募集がネット頼みでリアル（譲渡会など）が減った。

3. 目標設定

現状、月 8 匹程度の譲渡数を 12 匹〜 16 匹にあげていきたい（1.5 から 2 倍）。
そのために、引出しからネットに掲載して募集をかけるまでの期間が、現状では、1 カ月かかっている。成猫は 1 週間以内、離乳食猫 2 週間以内、ミルク猫 1 カ月以内で、できるような体制を年内に作りたい（ミルク猫は、見た目がどんどん変わるので、1 カ月半の月齢になってから撮影している）。撮影以外の募集方法の見直しも

図 5.3　事例 5 の実施者がＡ３

2016 年 11 月 18 日

の猫を里親に譲渡するために、スピードアップ方法を考える

氏名：NPO △△　○○○○

4. 要因解析

問題　引取りから募集までとお届けまでの時間がかかる
要因1　カメラマンが1名しかいない、撮影がスケジュール調整に左右される。ネットにアップするスタッフが少ない。お届けやお見合いのできるリーダーが少ない。
要因2　子猫が各預かりボランティアの家庭にいるなど、管理と情報の共有が徹底していない。
要因3　シェルターが撮影に不向き。暗くて狭い。

問題　ネット以外（リアル）の里親募集方法の見直し
要因4　シェルターを一般公開していないので閉鎖的。シェルターができて、猫にストレスのかかる外部で会場をお借りしての譲渡会の開催を不定期に（以前は毎月2日間開催していた）したことにより、ネットをしない人とのコンタクトがとりにくくなった。

5. 対策立案・実施および効果の確認

真因	対策内容	担当	関係者または関連組織	実施事項と効果	評価
なぜ1	① 撮影勉強会実施	Aさん	ボランティア	隔月に1回実施することでレベルアップ	○
なぜ2	② リーダー・ボラ養成	私	ボランティア	リーダー養成とネットのアップするボランティアを募集する	△
	③ 撮影依頼管理	Bさん	事務局	情報の管理の徹底　取りこぼしをなくす	△
なぜ3	④ シェルター移転	Cさん	理事	12月シェルター移転	○
なぜ4	⑤ 保護猫カフェ開店	私	理事	12月オープン	○

6. 標準化と総合評価

シェルターを移転し、場ができるため（現状のシェルターは保護犬猫のお世話以外のスペースがない）、今後、そこで保護犬猫の撮影やボランティア育成の場としても活用し、保護猫カフェも併設する。
譲渡数を増やしていけるよう、これからこの場を最大限活用し継続していきたい。

総合評価

70

用紙1枚にまとめたもの

7. 振り返りおよび今後の進め方、所感、等

活動は5年目に入るが、事務局がまだしっかり機能していないので、データもなく振り返る余裕もなかった。今回カイケツの機会に振り返りができて、データ分析の重要性を感じた。今後は、シェルターを移転して、事務局や幹部育成を強化し、情報共有と現状把握したい。

表 5.5　問題解決ステップの概要 5

実施者	NPO 代表
組織概要	名古屋市に設立して 5 年目の NPO 法人である。動物愛護センターから保護した猫の里親募集を行い、譲渡可否の判断をしたうえで里親に譲渡している。
テーマ選定	名古屋市の猫の殺処分は、毎年 800 匹前後あり、なかなか減らないのが現状である。当 NPO の譲渡数は年間 100 匹以下となっているため、その数を増やすためにスピードアップする方法を考え、殺処分数の削減につなげたい。
現状把握	引き取りから里親募集までの日数が長く、ばらつきも大きい(1 〜 2 カ月)。そのため、譲渡までの日数も 42 日〜 73 日と長くかかっている(5 匹の実績)。募集はネットが中心で譲渡会による方法は減っている。
目標設定	現状、月 8 匹程度の譲渡数を 12 匹〜 16 匹に増やす(1.5 〜 2 倍)。
要因解析	引き取りから里親募集・譲渡までの時間がかかる要因として、「カメラマンやネットに詳しいスタッフの不足」「猫の管理と情報の共有が不十分」「現在のシェルターが暗くて狭い」などを要因として取り上げた。また、「ネットをしない人とのコンタクトがとりにくくなったこと」も要因とした。
対策立案 対策実施 効果確認	・撮影勉強会の開催やボランティアを募集する。 ・猫それぞれについての情報(進捗状況)を共有できる仕組みを整備する。 ・保護猫シェルター移転と保護猫カフェを開店する(12 月予定)。
標準化と管理の定着	事務局がまだしっかり機能していないなかで、データもなく振り返る余裕もなかったが、今回の取組みで振り返りができた。また、データ分析と情報共有の重要性が理解できた。今後は、シェルターを移転して事務局や幹部育成を強化し、情報共有と現状把握に取り組み、譲渡数の増加につなげていく。

事例6 NPOの事例2：「ワタシの」から「みんなで」活動する組織づくり

―――――――事例のポイント―――――――

　本事例もトヨタNPOカレッジ「カイケツ」2016年度受講者の最終まとめで発表された内容にもとづいて、その要点を整理したものである（表5.6）。

　設立間もない組織では組織運営（組織マネジメント）に必要となる仕組みやツールが整備されていないことが多い。本事例は、組織マネジメントに必要なミッション・役割の明確化、日程計画表の作成、意思疎通のための仕組みなどの重要性を示した事例である。

表 5.6　問題解決ステップの概要 6

実施者	NPO 代表
組織概要	2015 年 10 月に団体設立、翌年 4 月に法人化した。 代表 1 名、スタッフ 10 名の 11 名で構成し、引きこもる人とその家族を支援している。
テーマ選定	立ち上げたばかりの団体で、スタッフも立ち上げ時に知り合った人たちで構成されていた。代表が業務に追われ、スタッフとの意思疎通が十分できなかったため、「このままでは独善的な運営となって、スタッフが離れてしまうのではないか」という懸念があった。
現状把握	2016 年 5 月に「家族のための勉強会」を開催したが、代表一人で企画準備のすべてを行っていた。そのためスタッフの協力が得られず、十分な準備ができなかったため来場者の満足度は低かった。
目標設定	スタッフの役割分担を明確にして、主催イベントにおける作業の50％以上をスタッフが分担する状態にする。
要因解析	「スタッフから意見が出ない」を特性として要因を洗い出し、特性要因図にまとめた。主要因として「仕組み」「代表」「スタッフ」の 3 つを取り上げて解析した。

表 5.6　つづき

対策立案 対策実施 効果確認	主な実施事項については以下のとおりである。 ・ミッションを新たに明確にして全員で共有した。 ・イベントの企画運営における作業内容の洗出しとスタッフへの 　提示およびタスク表、スケジュール表を作成した。 ・全員ミーティングを定期的に開催した。 以上の取組みにより、2016年9月のイベントでは作業分担率50% を達成した。
標準化と管 理の定着	今後は、今回の結果を維持するために同じやり方を継続し、標準化 を図っていく。また、スタッフとの信頼関係を構築することで、ス タッフがその役割を果たすことを促していく。

事例 7　大学生の事例 1：商品売価変更業務における ミス発生の減少

------------------ 事例のポイント ------------------

　本事例は、大学の講義のなかで学生に課したレポートから、特に優れた
ものについてその要点を整理したものである（表 5.7）。

　本事例は、学生がアルバイト先で主体的に取り組んだ問題解決である。
マニュアルの整備を通して業務の質を向上させるとともに、職場のコミュ
ニケーションの活性化も図ることができ、その結果、商品売価変更ミスの
撲滅および時給のアップが達成できた。問題解決の基本は身近なところで
も適用可能であることを示した事例である。

表 5.7　問題解決ステップの概要 7

実施者	大学生
組織概要	スーパーマーケット（アルバイト先）

表 5.7　つづき

テーマ選定	アルバイト先のスーパーマーケットで売価変更のミスが頻発していた。お客様から店へのクレームもあり、また、店の売上げに直結するため、早急な対策が必要と思い、テーマとして取り組んだ。
現状把握	商品を店内に並べる部門では、以前は売価変更を正社員が行っていたが、最近社員が替わったため、アルバイトが売価変更作業を行うようになっていた。しかし、アルバイトと社員の連携が悪く、売価チェックが行われないこともあった。また、アルバイト同士や社員のなかでも、売価変更のやり方は統一されていなかった。
目標設定	売価変更のミスを減らす。そして、アルバイトとしての(店からの)評価を上げる。
要因解析	「正社員とアルバイトの連携不足」「マニュアルが不十分」「アルバイト同士のコミュニケーション不足」などの要因を抽出した。
対策立案 対策実施 効果確認	売価変更に関するルールをアルバイト同士で話し合って取り決めた。具体的には、売価変更できる人を限定して、夜に複数回の売価チェックを行うことにした。 　このルールを社員に説明し、アルバイトと社員の共通のマニュアルとした。また、お互いの仕事を認識し、連携をとっていくことにした。対策実施後、約2週間経過時点で売価変更ミスは発生していない。共通のルールを作ったことで仕事の引継ぎがスムーズになり、業務の効率も上がった。その結果、副店長からアルバイトの時給を上げるという話があった。
標準化と管理の定果	今後も、アルバイト間や社員とのコミュニケーションを密にしてマニュアルに関する意見交換を行い、マニュアルの完成度を向上させていく。

事例8　大学生の事例2：暗い雰囲気の水泳部を活性化させる

-----事例のポイント-----

　本事例も大学での講義のなかで学生に課したレポートのなかから、特に優れたものについてその要点を整理したものである(**表 5.8**)。

　本事例は、高校水泳部の部長（3年生）によるマネジメント改善事例である。練習メニューをつくる場面では新たな価値を生み出すことに努め、仲間外れとなった部員をフォローする場面では異常に気づき処置をすることに努めた。こうして部の雰囲気を良くして部員の士気を高めることで、よりよい結果を残すことができた。マネジメントの基本を示した好事例である。

表 5.8　問題解決ステップの概要 8

実施者	大学生（高校生のときの経験談）
組織概要	高等学校水泳部（部長）
テーマ選定	高校3年生に進級するとき、水泳部の顧問が替わった。それに伴い部の雰囲気が暗くなり、部員の士気も低下した。部長として部の活性化を図っていく必要があると思った。
現状把握	水泳に対する情熱が薄れ、チームワークも十分発揮されていなかった。また、部員同士の人間関係も悪化していた。
目標設定	部の雰囲気を良くして部員の力が発揮できるようにする。
要因解析	「練習メニューのマンネリ化」「部員間のコミュニケーション不足」「人間関係のトラブル」などの要因を抽出した。
対策立案 対策実施 効果確認	部員の士気を高めるために練習メニューを一新した。具体的には、チームに分けてリレーを実施し、勝敗をつけることで水泳に対する思いの復活とチームワークの改善を図った。 　また、後輩とのコミュニケーションを密にして、一人が仲間外れにされていたら先輩の輪のなかに入れることを実践した。 　すると、部の雰囲気は改善され、その結果、地区大会優勝、リレー県大会出場、ベスト16入賞などの結果を出すことができた。この結果により、多くの新入生が入部してきた。
標準化と管理の定着	これからも部の雰囲気を良くすることに努力していきたい。

第6章 エピローグ

6.1　問題解決が実践できる組織風土づくり

　本書の仕上げ作業に取り掛かった頃、ある大手機械メーカーの営業部門で実施してきた問題解決研修の最終まとめの発表会があった。半年間にわたる研修で、その構成は**第4章**に記載した医師やNPOに対する内容と同様である。当初設定したテーマに対して、問題解決ステップにもとづいて月1回の指導会を開催し、問題解決に取り組んだ。

　事前にテーマを決めた3チームがそれぞれのテーマに取り組んだが、いずれもしっかりと現状を把握することができていた。営業の仕事はどうしても属人的になりがちだが、業務プロセスを紙に落とし込むことでメンバー間の違いが明確になるなど、多くの気づきが得られた。また、他部門との連携も積極的に行われるようになったことで、コミュニケーションが活発となり、職場の活性化にもつながった。必ずしも問題の解決に至らなかったチームもあったが、波及効果も含めて、その効果は大きなものであった。取組みの振り返りのなかに、「改善が楽しくなった」というある管理者(部長)からのコメントがあったのが、印象に残った。これこそが、TQMの本質である。

　さて、この営業部門では、何が変化して、このような意識になったのだろうか。その過程を振り返ってみたい。指導に当たった講師は2名とも営業の経験は皆無であったため、最初の指導会ではテーマ選定の背景などを説明してもらった。しかし、専門用語の理解不足もあり、講師側は「何が問題なのか」がなかなか理解できなかった。そこで、「"業務の流れのどの段階で問題が発生し

ているのか”を示すように」と伝え、次回に望むことになった。

　このことが受講者に大きなインパクトを与えることになった。この組織では、業務の流れ（プロセス）が明確になっておらず、人による差も大きいため、紙に落とし込む過程でさまざまな意見が出てきた。こうしたチーム活動では、若手がテーマリーダーを担う（やらされる？）ことが多く、ベテランは斜に構えて横から眺めている場合が多い。しかし、この会社ではベテランから、「どうして（若い人が）こんなことをしているのか」「なぜこうしないのか」などの指摘があり、「お互いがどのような認識でいるのか」が共有されていった。これにより、「相手が何を考えているのか」が理解できるようになり、コミュニケーションが活発になった。これが、問題解決の実践できる組織風土づくりの第一歩となった。

　業務プロセスを明確にしていく過程で、自部署以外の関係部門・組織が必ず登場することになるが、関係部署との役割分担を明確にすることで、改めて自部署の果たすべき役割・使命を再認識でき、関係者間で共有することができた。これも、問題解決の実践には不可欠なことである。

　そしてもう一つ、最も重要なことは、関係者が現状の姿とあるべき姿（目差す姿）を共有し、そのギャップを認識したうえで、全員がそのギャップを埋めるべく力を結集することである。この研修でも、これが何よりも大きな収穫だったと思う。

　以上から、問題解決を実践できる組織風土の要件としては以下の2つが挙げられる。

　　①　目指す姿（ビジョン）と使命（ミッション）の明確化と共有
　　②　いつでもコミュニケーションのとれる職場風土

　上記は、前著『“質創造”マネジメント』の第3章にも詳述してあるので、参照してほしい。上記の例では、問題解決研修において業務プロセスをまとめ上げていく過程（見える化）を通して、より望ましい組織風土が醸成されていった。このことが、前述の「改善が楽しくなった」という管理者の発言になって表れたのだろう。

　さて、組織風土の要件は明確になったが、実際に問題に取り組むメンバー以外にも、組織風土の醸成に影響を及ぼす人々に注目したい。それは、職場の担当役員や社長も含めた上司であり、筆者のような問題解決研修の講師（第三者）である。次に、これらの人たちの役割について考えてみよう。

　まず、問題解決の実践における上司の役割を考えてみよう。そもそも、問題解決・改善は、現状を変えることで、お客様に提供する価値のレベルを上げる取組みである。しかし、一般のメンバーにとっては、現在提供している価値を維持することが最大の使命である。今ある仕組み、仕事のやり方、業務標準などにもとづいて、メンバーは日々の業務を遂行しているが、現場では、さまざまな要因により今のやり方では不都合なことが発生する。例えば、「顧客からの注文が集中して対応が困難となった」「顧客の要求仕様や納期が厳しくなり今のままでは対応が困難となる」などである。これらに上手に対応していくためには、今のやり方を変えていくことが求められ、自分たちの身近に発生した問題を解決する取組みが必要となる。このとき、仕事のやり方を規定しているのは上司（管理者）サイドだが、新たな問題の発生は、分掌業務として各メンバーに展開されている今の規程では対応できなくなったことを意味する。そのため、本来であれば、上司（管理者）サイドが規程を見直して、メンバーに新たなやり方を提示すべきである。しかし、実際にはすべてに対応できないため、その代わりとして、メンバーの力を借りて改善していくのである。そのための仕組みが、小集団改善活動やQCサークル活動などである。

　以上から問題解決・改善に取り組むメンバーの上司は、「本来であれば我々（上司）が実施すべきことだが代わりに取り組んでくれてありがとう」と感謝しなければならず、その実践に対しては、メンバーに期待を示し、メンバーの取組みに関心を示すことが求められる。丸投げは許されない。さらに、メンバーの困り事に対して積極的に支援しなければならない。特に他部署との調整については、メンバーだけでは対処ができないため、上司が自らの役割として引き受けて他部署との調整に取り組まなければならない。こうしたことを絶えず意識して日頃からメンバーに接することで、常にコミュニケーションがとれる

オープンな職場風土が醸成されるのである。

　近年、日本のものづくりの名門といわれている企業で、大きな不祥事が相次いで発生している。誠に残念なことであるが、その背景には組織風土があり、これが極めて大きく影響していると考えられる。よくあるケースとして、「一度定めた規程やルールが常に現場で守られている」という経営者および管理者の錯覚がある。上述のように、あらゆる現場で絶えず取り巻く環境が変化しており、それらに逐次対応していくことが求められている。しかし、異常に気づけたとしても、常にコミュニケーションがとれるオープンな職場風土がない組織では、上司(管理者)との間で情報の共有ができないため、問題が放置されて、ハインリッヒの法則に従い、いずれ世間を騒がす大問題となって顕在化してしまうだろう。こうなるとまさに、経営トップの責任といえる。

　1.3節でも述べたが、2015年6月に開催された品質管理シンポジウムでは、トヨタの豊田章一郎名誉会長による特別講話があった。そのなかで豊田名誉会長は、リーマンショック後の赤字転落、ブレーキ問題による大量のリコールなど、立て続けに発生したトヨタの不祥事を振り返って次のように述べている。これは、自身のみならず、世の中の経営者に対するメッセージといえる。

　「この問題(一連の不祥事)は従業員や部署の責任ではなく、私も含めて歴代経営トップの責任であります。

　お客様第一としながらも、商品の不具合やお客様の声、あるいは市場の急激な悪化など、現場の悪い情報がいち早くトップに届くような風通しのよい仕組みやマネジメントになっていなかったことは、今後の再発防止に向け、大いに反省すべき点であると思っております。」

　次に、研修講師(第三者)の位置づけについて考えてみたい。実践を伴った問題解決研修では、外部も含めた第三者の存在が重要な意味をもつ。研修の場であるにもかかわらず、上司が入ると問題を解決することが目的となってしまう。目の前に職場の問題が見えているため、上司も含めて同じ職場のメンバー

だけでは、結論を急ぐあまり、見える化の過程を踏むことなく、いきなり対策案が出てきて、その実行に終止してしまうのである。これでは、メンバーの能力を引き出せないばかりか、問題解決を実践できる組織風土もまったく醸成できない。たとえ一つの問題が解決できたとしても、研修が終わった後には何も変わっていない職場が存在するだけである。

　このような事情から、組織の外部であれ、内部であれ、指南役（研修講師）としての第三者が必要になる。なお、内部から講師を選ぶ場合は、自部門以外の部門から選出されるのが望ましい。外部・内部いずれも講師には問題解決の実戦経験が豊富であることが求められるが、取り組むテーマに関して、内容をほとんど把握することはできず、指南役が提供できる内容は限定される。そのため、受講者から説明を聞き、講師が問題解決の視点にもとづいた質問をすることで、受講者に多くの気づきを促していくことが重要となる。これを繰り返すことで、受講者の知恵と努力で問題解決が進むようになる。これが、実践を伴った問題解決研修の核心である。

　問題解決の考え方や手順は、どの分野のテーマであっても共通である。そのため、どの分野の受講者に対しても問題解決を進めていく際には一定のアドバイスができる。「特定の知識やスキルではなく、問題を考える視点を受講者に提供している」からである。もし、研修講師が受講者の取り上げたテーマの内容を熟知していて、受講者に具体的なアドバイスをしたらどうだろうか。たとえそれが有効な解決策であったとしても、人材育成は図られないだろう。受講者にとっては、研修講師の言葉は上司と同様に重いためである。加えてもし、講師のアドバイスにもとづいて実施した対策により効果が出たら、それ以上の知恵は出てこなくなるであろう。したがって、問題解決研修の講師は指南役（アドバイザー）に徹し、決して具体的な内容について指示する（教える）ことは避けなければならない。人間は、他人から聞いたことは忘れてしまうことが多いが、自ら考えたことや発した言葉は決して忘れない。この蓄積が、改善および問題解決の力を高めていくことになるのである。

　以上、問題解決研修における職場の上司と研修講師の役割・位置づけについ

て述べてきた。組織が問題解決研修を展開するとき、それは当事者である受講者だけを対象にしているのでは決してない。当事者の上司や研修講師など、すべての関係者がそれぞれの役割を果たすことが求められる。組織全体がかかわることで、受講者個人の成長だけでなく、問題解決が実践できる組織風土も醸成できるのである。このことに十分留意して継続的に取り組むことが、組織の大きな力となっていく。

　ここで、「結果だけを重視しないことは理解できるが、まったく結果が得られなくてもよいのか」という疑問をもたれた読者も多いのではないだろうか。当然のことながら、いくら研修とはいえ、約半年かけてまったく成果がないというのは、あってはならないことである。よくあるケースは、問題解決ステップに沿って検討を進めていくなかで、現状把握によりテーマが見直されることである。また、要因解析まで進んでいるにもかかわらず、逆戻りしてテーマや目標が変更になることもある。そのうちに半年が過ぎ、すべての対策を実行できず、成果につながらない場合もある。

　しかし、業務の一環として問題解決研修に取り組む場合、受講者が今まで考えたことのない視点が加わるので、新たな発想から少しでも良くなる取組みが行われることになる。これも成果だと解釈できるだろう。前述の営業部門の例では、現状の業務プロセスを見える化したことで気づきが得られており、研修期間内では成果が不十分でも、研修終了後も活動を継続すれば、大きな成果が期待できる。

　問題解決研修で取り上げるテーマには、緊急を要するものはまずない。例えば、「今のままでは赤字になってしまう」「お客様の評価が急に悪くなった」「設備の故障が頻発していて生産に影響が出ている」などのような事態は、経営者や管理者が中心となって早急に解決しなければならない。これに対して問題解決研修では、目指す姿を実現するために一歩一歩前進していくテーマが中心となる。したがって、たとえわずかでも、必ずレベルアップできるはずである。問題解決とは、ある意味正解のない世界である。たとえ正解だと思って目指す姿に近づいたとしても、環境変化により軌道修正が必要となるなどして、

終わりがない。そのため、正解を求めるのではなく、今よりも良くなるように取り組み続けていくことが、問題解決の本質なのである。

6.2 夢・ビジョンこそが成長の源泉

ここまで、「問題解決の実践のためにどのようなことが必要となるのか」をまとめてきた。わかりにくいところも多々あったと思うが、最後まで読み進んでもらえたことに感謝したい。

問題解決という言葉の響きには、どうしても「良くない状態から良くする」、もしくは「元の状態に戻す」というイメージがある。そのため、「今の組織が元気になって、さらに成長していく」という明るい未来をイメージすることが難しい。しかし、第2章でも述べたように、「問題とは現状の姿と目指す姿とのギャップ」であり、問題解決とはそのギャップを解消して目指す姿を実現する活動である。目指す姿はお客様の声であり、「将来に向けてどのようなニーズがあるのか」を調査して、「どこを目指していくのか」を最終的に決めるのは、組織の長、すなわちトップの重要な役割である。組織としての夢・ビジョンをトップが掲げて全員で共有することが、現状とのギャップを認識する第一歩となる。このことは、経営レベルではもちろんのことだが、組織内部の部門や職場の長についても同様である。トップが夢・ビジョンを語ることが問題解決の原点であり、成長の源泉となるのである。

最後に本書の副題である「働く喜びに溢れる社会を目指して」について触れておきたい。副題のもとになったのは、「JOY OF WORK」という言葉で、文字どおり「働く喜び」である。この言葉は、PDCAの考え方を最初に提唱された、デミング博士によるものとされている。本書で何度も強調したようにPDCAを回すことは、問題を解決すること、改善をすることであり、そうした活動を通じて前述の管理者のように「改善が楽しくなった」という意識が醸成されていく。これが「働く喜び」の本質だと筆者は考えている。

日本のすべての組織でこうした問題解決の実践が促進されることで、それぞ

れがお客様の満足を獲得し続けて持続的な成長を実現していくとともに、そこに従事するすべての人が働く喜びを感じてもらえることを願っている。本書が、そうした取組みに少しでも役立つのであれば、これに勝る喜びはない。

参 考 文 献

●書籍、新聞、論文など

［1］　大野耐一(1978)：『トヨタ生産方式』、ダイヤモンド社

［2］　QC 手法開発部会 編(1979)：『管理者・スタッフの新 QC 七つ道具』、日科技連出版社

［3］　石川馨(1981)：『日本的品質管理』、日科技連出版社

［4］　細谷克也(1989)：『QC 的問題解決法』、日科技連出版社

［5］　永田靖(1992)：『入門　統計解析法』、日科技連出版社

［6］　吉田耕作(2005)：『ジョイ・オブ・ワーク　組織再生のマネジメント』、日経 BP 社

［7］　細谷克也(1982)：『やさしい QC 手法演習―新 JIS 完全対応版―』、日科技連出版社

［8］　渡邉克彦、牧喜代司(2009)：「魅力ある車づくりにつなげるアンケート調査の実践とその工夫」、『日本品質管理学会中部支部第 90 回研究発表会報文集』、日本品質管理学会中部支部

［9］　日本品質管理学会(2011)：「品質管理用語　JSQC-Std 00-001 2011」、『日本品質管理学会規格』

［10］　谷原誠(2012)：『図解　するどい「質問力」！』、三笠書房

［11］　古谷健夫 監修、中部品質管理協会 編(2013)：『"質創造"マネジメント』、日科技連出版社

［12］　豊田章一郎(2014)：『品質月間テキスト No.401　モノづくりは，人づくり』、品質月間委員会

［13］　佐々木眞一(2015)：『トヨタの自工程完結』、ダイヤモンド社

［14］　仲野彰(2015)：『品質管理検定教科書　QC 検定 3 級』、日本規格協会

［15］　日本品質管理学会(2015)：「プロセス保証の指針　JSQC-Std 21-001 2015」、『日本品質管理学会規格』、日本品質管理学会

［16］　中日新聞　2015 年 5 月 17 日朝刊「トヨタ流の「カイゼン」を医療の世界へ」

［17］　日本経済新聞　2015 年 11 月 15 日朝刊「名古屋大学病院の講座「ASUISHI」の流れ」

［18］　トヨタ財団：「トヨタ NPO カレッジ「カイケツ」始動へ」、『ジョイント』、2016 年 4 月号

［19］　ファクタ出版：「トヨタ NPO カレッジ「カイケツ」」、『FACTA』、Vol.130、2017 年 2 月号

［20］　安田あゆ子(2017)：「産業界と連携した医療の安全と質管理を担う医師養成プログラム（ASUISHI プロジェクト）の取り組み」、『日本品質管理学会中部支部第 114 回研究発表会報文集』

［21］　西岡昭彦(2017)：「新しい品質管理手法を活用した「利益が出るモノづくり」の実現」、『日本品質管理学会中部支部第 114 回研究発表会報文集』

● Web

［1］　日本生産性本部 Web ページ：「日本の生産性の動向」
http://www.jpc-net.jp/annual_trend/

［2］　首相官邸 Web ページ：「働き方改革実行計画(概要)」
http://www.kantei.go.jp/jp/singi/hatarakikata/pdf/gaiyou_h290328.pdf

［3］　Sustainable Japan Web ページ：「IMD 世界競争力ランキング 2017」
https://sustainablejapan.jp/2017/06/18/imd-world-competitiveness-ranking-2017/27163

［4］　日本科学技術連盟 Web ページ：「品質管理シンポジウム」
https://www.juse.jp/qcs/

［5］　トヨタ自動車 Web ページ：「「トヨタウェイ」の編纂」
http://www.toyota.co.jp/jpn/company/history/75years/text/leaping_forward_as_a_global_corporation/chapter4/section7/item4.html

［6］　日本科学技術連盟 Web ページ：「品質管理セミナーベーシックコース【QC 検定 1 級レベル対応】」

http://www.juse.or.jp/src/seminar/detail/99/22013

［7］　文部科学省 Web ページ：「課題解決型高度医療人材養成プログラム」

http://www.mext.go.jp/a_menu/koutou/iryou/1346835.htm

［8］　名古屋大学大学院医学系研究科医学部医学科 Web ページ：「明日の医療の質向上をリードする医師養成プログラム」

http://www.iryoanzen.med.nagoya-u.ac.jp/asuishi/

［9］　トヨタ財団 Web ページ：「トヨタ NPO カレッジ「カイケツ」」

http://www.toyotafound.or.jp/kaiketsu/

索　引

著者紹介

古谷健夫（ふるや　たけお）［執筆］
1954 年東京生まれ。1977 年東京大学工学部産業機械工学科卒業、トヨタ自動車㈱に入社。鋳造工程の生産準備、エンジン設計、TQM 推進などに従事。TQM 推進部長、本社工場品質管理部長を経て、現在は業務品質改善部主査として TQM の考え方の普及と実践の支援に取り組む。愛知県中小企業診断士協会正会員。2011 年から中部品質管理協会企画委員長。2014 年からデミング賞審査委員会委員ほか、品質管理、マネジメントに関わる社会貢献職歴多数。名城大学、豊田工業大学、岡山大学などの非常勤講師も務める。

一般社団法人　中部品質管理協会［協力］
1971 年に中部の品質管理推進専門機関として創設。前身は 1951 年に設立された東海品質管理研究会。企業の持続的成長に資する品質管理（QC）の知識・手法などの学びの場、実践促進の場を提供している。会員会社は、日本ガイシ㈱、トヨタ自動車㈱、㈱デンソーなどの中部の有力企業を中心に 220 社を超える。現在の会長は佐々木眞一トヨタ自動車㈱顧問・技監。

問題解決の実践
働く喜びに溢れる社会を目指して

2018 年 1 月 22 日　第 1 刷発行

著　者　古谷　健夫
協　力　（一社）中部品質管理協会
発行人　田中　健

発行所　株式会社　日科技連出版社
〒151-0051　東京都渋谷区千駄ヶ谷5-15-5
DS ビル
電　話　出版　03-5379-1244
営業　03-5379-1238

検　印
省　略

Printed in Japan

印刷・製本　三　秀　舎

© Takeo Furuya　2018

ISBN 978-4-8171-9637-8

URL　http://www.juse-p.co.jp/